失落童年

在精神科診室重生

何美怡醫生　著

把這本書送給我摯愛的兒子

前言

　　近年有一個現象，大約四時半之後，我就會見到一些穿着校服上來應診的病人。他們放學後來覆診，都是中學生，甚至小學生，有的更只有六歲……

　　六歲就要見精神科醫生，是社會問題？是學校問題？還是家庭問題？

　　但一定不全是病人的問題。精神病是一個身體的病、生理上的病，是神經傳遞物質不平衡導致的，神經傳遞物質不平衡，可以是天生的，如遺傳；也可以是後天的，如惡劣成長環境、巨大生活壓力逼迫出來的病。如果是環境導致的，只要改善兒童成長的生活環境，就沒有發病的原因了；甚至即使有遺傳基因，也有機會不會病發。

　　這次的故事，主人公的童年都不好過。父母、長輩、照顧者，甚至同學之間各種各樣的不合理對待，無論是施虐、侮辱，還是疏忽、放任，都對兒童成長有莫大影響。或許，不是每一個兒童處於這環境都會患上精神病，但這樣的成長環境本身就是所有人需要正視的問題。家庭上，有否足夠心理準備去迎接養育小孩的日子？社會上，對有缺陷的家庭是否有足夠支援；教育上，有否從小灌輸正確的價值觀，以及有關精神病的認知、檢查、處理等知識。

我自己是一個媽媽，我的兒子正就讀初中，每次看見跟兒子差不多年紀的青少年來看診，聽着他們的故事，說到細微處，我都會想，我也是否曾經這樣那樣對待過自己的兒子？每一個故事都可能藏着無數反思，這是我寫這本書的原因。故事真中有假，要在真實案例與個案保密之間平衡，花這麼多心機，都是想讓大家正視兒童成長的精神健康。

　　無論你的兒女是初生嬰兒，是幼稚園畢業，是小學生、中學生，都希望你能夠讀這本書，以前人的故事為鑑，為兒童開創更健康、更美好的精神生活。

何美怡醫生

目錄

創 傷

忽　略

「嘉欣考第一！樂心考第二！」

「我很開心，不，我其實不開心啊……」

「你小時候跟她一樣頑皮嗎？」

「我已經有三個洋娃娃了！」

「就是那個很漂亮的女生？」

「當時，她以為我聽不明白，但我已經六歲了。」

「冷靜！冷靜！我不認識她的！」

「之後媽媽有沒有說，我離家出走的原因？」

「我患了抑鬱症，怎麼辦？」

「不要太緊張，一龍心定會健康成長。」

「第一次入警察局，是非禮。」

「妹妹，今個學校考試考得如何了？」

「我說過了，
我有自己的方法去解決。」

——專注力不足及過度活躍症的迷思

艾蓮娜

日期：二〇一七年一月十五日（星期日）

地點：愉景灣鄧肯家→艾蓮娜就讀的國際學校

「親愛的，沒時間了，妳還沒化好妝嗎？」

「媽媽，快點啦，遲到了。」

愉景灣的私人住宅內，兩父女鄧肯和艾蓮娜同時在客廳中踱步。婆婆在家中看着他們坐立不安，倒已習以為常，雖然兩人常在電視機前繞來繞去，有夠擾人的。

今天是學校的家長日。艾蓮娜就讀小學二年級，父親鄧肯十分緊張，這是艾蓮娜來到香港讀書之後的第一個家長日，他希望給老師留下一個好印象，雖然艾蓮娜讀的是國際學校，但他不知道英國人的身分在學校中是利是弊。一直在踱步的他，突然發現枱上那一幅前幾天買的、還未砌好的拼圖，就走過去拿起一塊，琢磨應該放哪個位置。

同時在踱步的艾蓮娜，雖然只有八歲，但心裏一直害怕這個家長日。Miss Lam 平時的目光並不友善，經常呼喝她，多次說要見家長，但不知什麼原因一直沒有行動。今天家長日，不知 Miss Lam 會跟爸媽說什麼。

終於，房門打開了。母親艾琳一邊戴着耳環，一邊說：「來了，時間還早嘛。」一家三口做出門前的最後準備，但最後還是需要婆婆提醒：「艾蓮娜忘了穿外套。」

艾琳坐在課室門外的椅子上，旁邊有一對父子，他們都是胖子，一看就會明白血緣是什麼回事。這時候，課室的門打開，剛才進去的東南亞裔家庭走出來，同時老師就把胖父子叫了進去。

艾琳知道，下一個就到艾蓮娜了。可是這時候，艾蓮娜和鄧肯到哪裏去了？他們剛才還好端端的坐着，但很快就不知跑到哪裏。

他們兩父女，長相完全不像，鄧肯啡色頭髮，國字臉，托啤酒的福有一個大肚子，身形在三十歲之後胖了不止一個圈。艾蓮娜幾乎是艾琳的複印版，她在艾蓮娜身上彷彿看見小時候的自己，只是除了她的頭髮跟父親一樣是啡色的，而不是像自己的金色。不過，雖然長相不像，但人人都知道他們是兩父女，那一份充滿精力的態度、永遠停不下來的人生，雖然很正面很積極，但經常累得身邊人叫苦連天。

她打電話給鄧肯，另一頭傳來興奮的聲音：「艾琳，妳也應該來看，自然教育室有很多有趣的標本……」艾琳不等他說完，就罵回去：

「今天是家長日，不是開放日，不是給你參觀的。快輪到我們了，你們立即跟我上來！」

結果，當那對胖父子從課室出來的時候，他們才興沖沖的從走廊的一頭跑來，而這一切都落入老師的眼裏。

「艾蓮娜的成績，班中三十五人，她考第三十一名。」這位叫 Miss Lam 的老師，自我介紹之後，就立即進入正題。艾蓮娜聽到自己的名次，也不禁低頭，默不作聲。

「艾蓮娜是一個很活躍的小孩。」另一位叫 Miss Ho 的老師說這話時，倒望向低着頭的艾蓮娜微笑。她續說：「但她是一個坐不定的小孩，對嗎？她在家也是這樣的嗎？」

「對啊，對啊！」開口回應的是鄧肯，他一邊說，一邊摸着自己的後腦：「她就跟我一樣，坐不定，好奇心又強，想到什麼就做什麼。我們家中開電視時，只有媽媽和婆婆會坐着看，我跟艾蓮娜都不可以，坐五分鐘就要找其他事幹，錯過了什麼劇情，回頭問媽媽和婆婆就好了。」鄧肯說着一臉自豪，彷彿覺得艾蓮娜遺傳了良好的基因，艾琳卻感到尷尬。

　　「但艾蓮娜的坐不定，影響了其他同學。」Miss Lam 說：「她幾乎每一堂，都要撩鄰座的同學說話。最初，她跟一個也是喜歡說話的同學坐隔鄰，結果他們由第一堂聊到最後一堂，有時更會打打鬧鬧，完全失控。之後我安排她坐在班長身旁——」

　　「班長沒跟我說話啊！」這時艾蓮娜突然抬頭，打斷 Miss Lam 的話。

　　「收聲！」艾琳不喜歡艾蓮娜不禮貌，大聲喝止她。

　　Miss Lam 也不打算追究，繼續她的話：「我希望班長可以給她做個榜樣，結果她常常騷擾班長，班長不得已向我投訴，說艾蓮娜讓她不能專心聽書。後來我安排艾蓮娜坐窗邊單人座，結果她不時在座位上大呼小叫，打斷老師的說話，全班同學都被她騷擾了。」Miss Lam 說話期間，艾蓮娜多次想出言反駁，但都被艾琳瞪回去。

　　其實，當 Miss Lam 如機關槍式的把艾蓮娜在課室的劣行一一數出來時，艾琳雖有點驚訝，但想來也算意料之內，因為艾蓮娜在家中也是這樣，只是家人對她一直包容，婆婆也喜歡這樣活潑的孫女。

「這樣子的上課態度，成績當然不好。」Miss Lam 繼續說：「而且，她的功課也錯漏百出。她平時會花多少時間做功課？」

　　「幾乎一回家就做了。」這次艾琳搶着回應：「但她很不專心，做一會兒就要看電視，再做一會又要吃零食，有時臨睡前還有兩三樣功課未做，我便要站在她背後逼她完成……」

　　「想不到香港的功課那麼多呢。」鄧肯打斷艾琳的話：「我小時候在英國，可沒這麼多功課……」艾琳心想，為什麼兩父女都那麼自以為是，那麼討厭？她便瞪了鄧肯一眼，他立即收聲。

　　「我們國際學校的功課已經不算多了。」Miss Lam 說：「一般同學大約花一小時至一個半小時可以完成，專心的話。」老師特意說到「專心」兩個字，艾琳也只能莞爾一笑，鄧肯和艾蓮娜兩父女都跟這個詞語無緣。

　　之後，Miss Lam 再指出幾個艾蓮娜在學校的問題，但最後也有替她加回一點分數：「她倒是很喜歡幫人，擔當值日生的那幾天做得非常稱職，老師離開課室後立即走出去抹黑板，一天課堂完結之後也會主動負責給課室掃地，她不是壞孩子，只是活潑過頭。」Miss Lam 一邊說，艾琳一邊點頭。

「不過，活潑過頭不是正常的事。」Miss Lam 微一沉吟，像是準備要說更重大的事：「相信兩位都知道我們有駐校社工。」艾琳點頭回應：「艾蓮娜有說，她有被社工約見。」

「對。有一次她又騷擾全班同學上課，我帶她到駐校社工那一邊。社工評估之後，懷疑艾蓮娜可能患有專注力不足及過度活躍症（Attention Deficit / Hyperactivity Disorder，簡稱 ADHD），建議去看醫生。」Miss Lam 說着，拿出一個白信封。

「艾蓮娜有病？妳才有病！」鄧肯站了起來，大聲說着：「她只是跟我一樣的活潑好動而已，難道我也有病嗎？」

「坐下來。」艾琳倔強的聲音，從來都是鄧肯的鎮靜劑。鄧肯衝動，但他怕老婆怕得要命，天大的怒火，也得即時抑壓。

「鄧肯先生未必是錯的。」Miss Lam 冷靜地說着，從白信封中拿出一張卡片，然後話鋒一轉：「社工並不是專業的醫生，他的判斷不能作準。但你們做父母的也一樣不是專業醫生啊。既然有這樣一個問題，找專業的醫生判斷不是最好嗎？這是社工留下的一張卡片，你們可以找這位精神科醫生跟進。當然，你們也可以先諮詢家庭醫生，才做決定。」

艾琳看看寫着「Dr. Ho Mei Yee, Roybn」的卡片，心想：「好像在哪裏見過這個名字……」

日期：二〇一七年一月二十五日（星期三）
地點：正思精神健康中心

艾琳一家來到我的診所，我一眼就認出艾琳，她是我在英國讀書時候的鄰居。

我是何美怡，法醫精神科專科醫生。除了給一些在審判前後的疑犯作專業的精神科診斷，有時也會接一些普通精神科病人個案。

「原來是妳，我就覺得這個名字很眼熟，一直都想不起來。但一見到妳，就知道是故人了。」艾琳看到我後也一臉雀躍。我們少不免寒暄幾分鐘，互道別後的生活，但很快也要進入正題，給她的女兒艾蓮娜問診。

艾蓮娜在英國出世，一直在英國長大，一年前才來香港。因為鄧肯偶然認識了一個香港商人，那個商人把香港形容得像個金礦一樣，賺錢很容易，於是鄧肯便決定舉家到香港闖天下。

　　故人重逢並不影響我對艾蓮娜的治療，接下來的日子，我見過鄧
肯、艾琳、婆婆，也親自跟艾蓮娜談了半小時，亦有打電話向 Miss
Lam 了解，最後得出了艾蓮娜患有 ADHD 的結論。

　　我感到鄧肯是不同意這個診斷，但艾琳因為早已認識我，知道我
不會對病人掉以輕心，所以完全信任我。接下來她按照我的指示給女
兒服藥，ADHD 這個病，是需要持續服藥去抑制病徵的，另外也需要
定時去心理專家治療。

　　艾蓮娜漸漸回復一個小孩應有的專注力，也沒有丟失任何一分活
潑可愛。升上了小學三年級之後，艾蓮娜的成績有顯著的進步，全班
考了第二十名，雖然分數不是很高，但已經有不錯的進步，這都是因
為艾蓮娜能夠「坐定定」聽書和做功課的緣故。

　　艾蓮娜的病處理好了，但真正的故事才剛剛開始⋯⋯

父親鄧肯
日期：二〇二三年十二月十九日（星期二）
地點：正思精神健康中心

艾蓮娜的 ADHD 一直由我跟進，直到三年前，艾琳說她會讓女兒到英國升學，拜託我推薦一位英國的精神科醫生給她，讓這位醫生繼續跟進艾蓮娜的 ADHD。本以為事過情遷，豈料這一天，我竟然在病人名單中，見到鄧肯的名字。

「鄧肯？是艾蓮娜的父親嗎？」我隨口問秘書 Amy，她竟然也記得鄧肯：「那兩個行為相似但樣貌完全不同的父女嘛，我當然記得。尤其那父親，坐了一會，又站起來，一時看看我在做什麼，一時又拿你的書揭揭，但他根本不懂中文。」

「他是我朋友艾琳的丈夫，不知道他來做什麼？是一個人來還是跟艾琳一起？」我自言自語起來。過去這三年，我也沒見過艾琳，雖然我們以前在英國是鄰居，但本身也不是會經常約出來見面的那一種朋友，是以我對他們一家的近況毫無概念。

我沒有記錯的話，鄧肯是做生意的，COVID 對經濟的影響，對鄧肯也是首當其衝。

當天下午，鄧肯一個人來到診所，面容憔悴，皮膚蒼白無光，眼睛無神且疲憊，眼袋深深的，國字的臉頰有點凹陷，嘴唇乾裂，頭髮也沒有光澤，乍看之下似乎失去了生機和活力。他整個人的外表透露出疲憊和心力交瘁的痕迹，根據經驗，這是長期壓力下的疲勞狀態。

「鄧肯先生，你怎麼了？」我不忍心朋友的丈夫活成這個樣子，不過我更需要作為一個醫生，專業地幫助他。

「我覺得自己患了抑鬱症，可以開一些適合的藥物給我嗎？」雖然他看來憔悴，但一說起話，還是那個自以為是的鄧肯。

「是否患了抑鬱症，需要你提供資料，由我來……」

「錯不了，我上網 Google 過，抑鬱症的病徵，包括……」他打斷我的話，並數了幾個抑鬱症的病徵，驟耳聽起來他是患了抑鬱症無誤，但精神健康並不是頭痛醫頭腳痛醫腳，不是服一粒必理痛讓人頭痛消失就算是完成任務，除了治標，更重要是治本，我於是請他說說碰上了什麼事，讓他這樣情緒低落。

鄧肯話多，但為人自負，要他揭開肚皮露出心靈弱點，需要鼓起很大勇氣，他東拉西扯一番之後，才肯和盤托出，其間不時站了起來，又在我的房間踱步。「來港之後，我跟艾琳一起創辦一間公司，

代理紅酒，由法國入口，賣給香港人。最初我想在英國購入一些罕見的啤酒，但後來艾琳發現香港人很講品味，懂飲紅酒就像高人一等，所以就決定改為代理紅酒。

「我負責銷售的部分，我這個人靜不下來，不能坐在寫字樓計數，於是每天都出去跟人洽談生意。起初創業當然要守一段時間，但很快就上了軌道，即使 COVID 來了，對我們的影響也算少，雖然大部分時間不能外出食飯，倒有不少家庭買紅酒回家品嘗，而且我們算着了先機，就是一早入了很多紅酒，航運的停滯也沒對生意有多少影響……」鄧肯終於願意坐下來，但他一直把玩手上背囊的拉鏈，身子也不時左動右動，我記得今早 Amy 說他當年在診所也是「坐不定」。

「去年底開始復常了，但奇怪地，生意反而大跌。艾琳說人人都出外旅遊了。我正苦惱的時候，禍不單行，有一天，我整個左半臉動不起來，我大驚，難道是中風？我立即到急症室，醫生說不是中風，是面癱。我後來看了一些報道，說是打疫苗的後遺症……也不知是真是假，反正我半邊臉動不了。醫生開了一些藥，又轉介我去做針灸，大約一個月後，我的臉開始回復知覺，到今天大約好了七八成……」我細心觀察他的臉，注意到左臉上的皺紋與右臉不盡相同，並且從左臉的表情變化中感受到一絲僵硬。這種差異並不明顯，需要仔細觀察才能察覺。畢竟，普通人的臉並非必然左右對稱，如果不特別留意，很難察覺到這種微妙的變化。

　　鄧肯把背囊又放到地上，調整自己坐姿，才繼續說：「面癱不是什麼不治之症，但需要花很多時間做針灸治療，加上這個嚇人的樣子，也不適宜見客了。我跟艾琳商量，這半年由她負責公司全盤業務，我完全不過問，專心治療。

　　「由艾琳全盤負責，我是有點擔心的。以往都是我倆一起做，少了我，等於少了一半戰鬥力，不過那是公司危急存亡的時間。但沒法子，我要治病。

　　「我們都要打仗，不過令人開心的是，我們兩人都打勝了仗。

　　「艾琳獨力讓我們的生意起死回生。她一個人聯絡了內地幾個省份，他們都經我們公司入口紅酒。我們的生意翻了幾番，不說比起疫情前了，現在是開業以來生意最好的時候。

　　「我很開心，不，我其實不開心啊……」鄧肯說着，癱軟在椅子上，續說：「我妒忌吧，還是有點自卑？原來把生意交給艾琳一個人做，半年就可以把業務翻倍了？那我過去七年幹了什麼？想到這裏，我每晚都睡不好，即使我的樣貌變得好像可以見人了，但我也不想工作，不想回到公司，我跟艾琳說還未痊癒，我要繼續休息，其實我什麼都不想做，我懷疑自己的存在意義，我覺得我不在，艾琳會更好，公司會更好……

「好了，醫生，可以給我抑鬱症的藥了嗎？」

· ᴥ ᴥ

　　我看着眼前的鄧肯，跟六年前的意氣風發，完全是兩個模樣。如果是患了抑鬱症，當然針對抑鬱症來醫治就好了，但我認為，應該從根源去醫治。

　　「艾蓮娜近來好嗎？」剛才鄧肯有點激動，我讓他喝一杯水，其間帶點閒話家常地慰問艾蓮娜。

　　「她很好啊！」鄧肯一說到女兒，精神多了，他說：「上次來治療已經是……三年前，她之後回到英國讀書，她個性活潑，喜歡幫助別人，很受同學歡迎。現在還發掘了畫畫的興趣，噢，想不到啊，小時候坐不定的她，現在竟然願意每天坐在畫板前幾小時，老師拿了她的畫去比賽，可惜沒什麼名次……」

　　「她一直有服 ADHD 的藥，對嗎？」我問。

　　鄧肯點一點頭，然後說：「她媽媽一到英國就替她找到了醫生，在她姨姨的照料下，有定時服藥。學校知道艾蓮娜患了 ADHD，都有幫助她。」

我點一點頭，繼續問他：「你說過你跟艾蓮娜很相像，你小時候跟她一樣頑皮嗎？」

「現在回想起來，常常喜歡跟同學談天、打斷老師的話、不能專心聽課，這些都是相似的。」鄧肯笑說：「妳想說，我從小就患了 ADHD 而不自知？」

「這只是我的初步觀察和推斷，還需要詳細的問診。」我說。

「其實，我小時候沒有聽過什麼是 ADHD，長大後知道了，也有想過自己是不是患者，但我還是不認為是一個病呀。我只是比平常人活躍，或者你們覺得的『坐唔定』，這些都是性格而已。正如有些人內向、怕生，那又是精神病嗎？不可能吧。」

我當然不會同意鄧肯的說法，但了解他的想法也是治療的其中一步，所以我沒有在這個時候糾正。

「直到艾蓮娜出現問題，影響學業，我即使不相信，但也不排斥她來治病。如果有什麼方法令她不會在上課時騷擾同學和老師，那我也應該嘗試的。當時我也在想，可能艾蓮娜年紀小，需要你們幫忙『治病』，但我有充足的人生經驗，我懂得應對因為我的性格缺陷而導致的後果。」

鄧肯說着，彷彿回到初出社會的年代。

．．．．．．．．．．．．．．．．．．．．．．．．．．．．．．．．．．．．．．

日期：一九九八年八月的某一天
地點：英國倫敦某公司

「很遺憾，我們的合作，只能就此結束了。請你一天內執拾細軟離開。」

二十歲的鄧肯聽到上司的說話，簡直不敢置信。這是他的第一份工作，卻只工作了七天，就被請走了。

「請問⋯⋯」鄧肯想問自己有什麼錯，但上司已經離開了房間，頭也不回。

鄧肯一邊執拾，一邊回想這七天發生的事，其實自己只是犯了一些小錯而已，例如丟失了上司給的文件──但已經請客戶多寄一次回來，算是將功補過了；又例如開會時不知道原來上司已經講到文件的第八頁，自己還呆在第二頁；又例如⋯⋯唉，鄧肯不是笨蛋，這麼多的小錯，也終究要承受一個不能回頭的大後果了。

　　想着想着，冷不防鄰座的丹尼走到他身邊。丹尼悄悄地放下一張紙條就離開。鄧肯看一看字條，上面寫着「明早九點，倫敦地產」，下面寫了一個地址。

　　　　　　　• •

　　「你就是我弟弟丹尼介紹的同事了？很好很好！我叫丹尼爾，我們正急着要一位生力軍！」鄧肯怎也想不到，失業的沮喪維持不到一天，就有一份工作介紹上門。這裏是「倫敦地產」的地舖，鄧肯對這家公司也不陌生，就是一間房屋中介，只是他完全沒有想過，自己會在這裏工作。

　　「工作這回事，有時要夾一個人的個性。」丹尼爾說：「我有聽過丹尼說你的事，你是一個停不下來的人。你很少去電影院吧，坐下來看電影，不夠十五分鐘就不耐煩，想走了，對嗎？這樣的個性，做文職是不行的。」

　　丹尼爾一邊說，鄧肯一邊點頭，彷彿被一言驚醒：「對啊，我從小就是坐不定！」他回想了一些小時候的生活片段，的確如丹尼爾所言，他不喜歡看電影，而他喜歡踢足球，還差點兒進入校隊，但父親帶他去看阿仙奴的比賽時，他總是不能坐在看台上看完一整場比賽。

「來做地產經紀，就不一樣了。」其實，鄧肯當時也想像不到，地產經紀這個工作是如何適合他。但既然已經沒有工作在身，試一下又何妨？

意想不到的是，接下來的日子，他彷彿如魚得水。雖然仍然有很多時間在舖頭無所事事等客到，但有客到的時候，他就可以出去走走，有時是賣家帶他到要出售的房子，更多的時候是由他帶買家到各個待賣的房子參觀。撮合成一單買賣並不是一件易事，鄧肯也花了整整一個月才完成第一單成交，幸好丹尼爾對他有耐性，鄧肯亦一直努力去改善不足，才能踏出這一步。之後的日子，鄧肯算是能在這行業中站穩陣腳，有幾個月甚至成為 Top Agent，終究出人頭地了。

日期：二〇二三年十二月十九日（星期二）
地點：正思精神健康中心

「就是這樣。」鄧肯說：「總而言之，我用自己的方法克服了問題。我是坐不定、沒耐性，就找一些要隨處跑的工作；我是不能專心，那就不要做一些要常常開會的工作就好了⋯⋯」

「剛才你說，你做地產經紀做得很成功。」我說的時候，他點一點頭，我續問：「有沒有試過常常忘東忘西，或者不專心聽人說話而得失一些客人？」

「起初真的有，但我說過了，我有自己的方法去解決。雖然過程辛苦，但我也很成功啊！」

「有沒有想過，只要好好面對這個病，你根本不用這麼辛苦，就能成功？甚至，你可以更成功，更能闖出一片天？」我頓一頓，續道：「回說現在你和你妻子艾琳的公司，艾琳能夠做到的，會不會在你願意服藥壓制 ADHD 的病徵之後，也能做到？」

鄧肯沉默了，他沒有再反駁我的說法，而是開始思考。

「另一方面，你也看到了艾蓮娜的畫畫天分，如果她一直沒有治療，就一直被埋沒了。」我說：「再想想你自己，你會否因為一直都沒有醫治這個病，所以錯失了一些人生的可能性？」

鄧肯聽到這裏，整個人呆了，他是被我一言驚醒，還是因為不專心而思緒飄走了呢？

何醫生的話：

　　鄧肯年輕時患的 ADHD，一直沒有處理、沒有服藥。他以為沒有什麼影響，但其實影響是非常大的，甚至這次的抑鬱症，也可以說是源自於此。鄧肯的想法是，他好好設計自己的人生，找一條自己身體適合走的路就可以了，但換一個角度想，他的生意、工作、人生，所有重大的決定，不是都受 ADHD 的束縛嗎？

　　有一些工種，不需要整天坐在寫字樓，不需要長時間專注在同一個地方，例如要經常見客的工作或會較適合患上 ADHD 的人，所以，只要選對了工作，他們都可以有所成就。

　　可是，ADHD 的患者容易分心、有拖延的毛病，要比別人花更多的心思完成同一件事，經常要做 Deadline Fighter，所以壓力非常大，最後他們必定會把事情做好，但那幾天忙得天昏地暗，非常辛苦，所以患上抑鬱症、焦慮症的 ADHD 患者大有人在。

　　成功的人表面風光，但因為他們比平常人要付出更多，所以壓力超乎想像。

　　另一方面，ADHD 患者的發展方向也可能被病症局限了，像故事中的鄧肯，可能他在文書方面有天分呢？可能艾蓮娜的畫畫天分是遺傳自他的呢？沒人知道。原本他可以學到更多東西，但因為 ADHD，學習

上沒法發揮最好的潛能，很多事情因為不夠專心而做不了，如果能夠治療，會發展得更好。

他的潛能，原本可能有八十分，但現在只能發揮出五十分。

後記

經過我一番勸說，鄧肯終於願意嘗試治療，雖然他十分嘴硬：「我仍然不相信我患了病，但姑且聽妳一次吧……」他微一沉吟，說道：「有機會的話，我也想跟艾蓮娜一起畫畫啊。」

我開了一些藥，也介紹心理專家給他，治療 ADHD 的同時，也治療他並不算嚴重的抑鬱症。執筆之時只是過了幾個月，已經開始有成效，聽說他可以坐在女兒的前方做 Model 給女兒畫畫，兩個小時一動也不動啊！

專注力不足及過度活躍症
(Attention Deficit / Hyperactivity Disorder, ADHD)

《精神疾病診斷與統計手冊（第五版）》（DSM-5）對 ADHD 的診斷準則如下：

A.具干擾功能或發展的持續注意力不足及/ 或過動及衝動形態（pattern），有（一）及/ 或（二）之特徵：

（一）　不專注：下列六項（或更多）症狀，至少持續六個月，到達不符合發展階段且對社會及學術/ 職業活動造成惡劣影響之程度：【註：這些症狀並非主源於對立行為、違抗、敵對或無法了解工作或指示的表現。青少年與成人（滿十七歲以上）至少需有五項症狀。】

　　　　a. 經常無法仔細注意細節或者在做學校功課、工作或其他活動時，容易粗心犯錯，如看漏或漏掉細節、工作不精確。

　　　　b. 工作或遊戲時難以持續維持專注力，如上課、會話或長時間閱讀時。

　　　　c. 直接對話時，好像沒留心聽，一顆心像留在別處，即使沒有任何讓病人分心的事物。

　　　　d. 經常無法遵循指示去完成學校功課、家事或工作，開始工作後很快失焦、容易分心。

　　　　e. 經常在組織工作與活動上出現困難，如難以處理持續性的工作，難以維持有序的擺放物品，亂七八糟、缺乏組織，時間管理不善，無法準時交貨。

　　　　f. 經常逃避、討厭或不願從事需要持久心力的工作。

g. 經常遺失東西。

h. 經常受外在刺激而分心。

i. 在日常生活中常忘東忘西。

(二) 過動及衝動：下列六項或更多症狀至少持續六個月，到達不符合發展階段且對社交及學術／職業活動造成惡劣影響之程度：【註：這些症狀並非主源於對立行為、違抗、敵對或無法了解工作或指示的表現。青少年與成人（滿十七歲以上）至少需有五項症狀。】

a. 手腳經常不停的動，或在座位上蠕動。

b. 經常在該維持安坐時離席，如在教室、辦公室、其他工作場所或是其他應留在其位置的情境中，離開了他的位置。

c. 經常在不宜跑動或攀爬的場所跑動或攀爬。

d. 經常無法安靜地玩耍，不能從事休閒活動。

e. 經常處在活躍的狀態，好像被馬達驅使般行動，如無法在餐廳、會議中長時間安坐，或久坐不動會覺得不安適；別人會感覺到他坐立不安或是難以跟上。

f. 經常太多話。

g. 經常在別人的問題尚未講完時，衝口說出答案。

h. 經常難以等待排隊。

i. 經常打斷或侵擾他人的活動，如在會話交談、遊戲或活動時貿然介入；沒有詢問或得到許可就動用別人的東西；在青少年與成人，可能會侵擾或搶接別人正在做的事情。

B. 十二歲前就有數種不專注或過動的症狀。

C. 數種不專注或過動的症狀在兩種或更多的情境表現，如在家、學校或上班時；與朋友或親戚在一起時；在其他的活動中。

D. 有明顯證據顯示症狀干擾或降低社交、學業或職業功能的品質。

E. 這些症狀不是單獨出現於思覺失調症或其他的精神病症，無法以另一精神障礙症做更好的解釋。

「媽媽，這是叔叔買給我的玩具。」

—— 邊緣性人格障礙的形成

十七年前。

「媽媽，這是叔叔買給我的玩具。」七歲的雨庭，拿着洋娃娃，正在替「她」換衣服。她口中的叔叔，是雅寧現在的男友。

雅寧二十歲就生下雨庭，經手人是雅寧當時的男友。雅寧現今連他的名字都忘了。這九年來，她的男人「貨如輪轉」，雨庭也忘了見過多少個「叔叔」，現在這一位叫志祥，在某酒樓的廚房工作。

「為什麼他會給妳買玩具？」雅寧覺得，買玩具應該徵得她同意，她是自己的女兒，不是志祥的女兒。

「叔叔說，給他摸這裏三分鐘……」雨庭一邊說着，一邊把雙手按在自己胸部。

「……就會有一粒星星貼紙，貼滿十粒星星，就送一個洋娃娃給我。」

雅寧臉色頓時變得鐵青，但都不及雨庭接下來的說話來得震撼：「我已經有三個洋娃娃了！」

日期：二〇二四年一月九日（星期二）
地點：正思精神健康中心

「不好意思，如果沒有預約，何醫生是不會應診的。」我的助手琳坦力勸站在面前的兩母女。

她們是雅寧與雨庭。

「我都說不來了，你硬要我來，現在人家都不肯見我，走吧啦。」雨庭指着雅寧，說着轉身朝向大門。

「姑娘，這事件真的很緊急，雨庭在街上打了人，犯了事⋯⋯」

「不要在大庭廣眾說這件事好嗎？」雨庭打斷雅寧的話，她的嗓門很大，在場另外一組正在等待覆診的病人也不禁瞄了她們一眼。

雅寧一邊拉着雨庭，一邊向琳坦說：「這次真的很緊急，我知道何醫生醫術超凡，一定能幫到我的女兒，所以可否通融一下？」

「何醫生不是不會見妳們，只是需要預約。今天醫生客滿了，下班後還要趕赴一個會議，不如我們預約，我給妳們找一個最快的問診時間⋯⋯」

這時候，剛好一個病人看診完畢，從診症室走出來，雅寧冷不防一個快步衝進去，說：「何醫生，可否見見我的女兒……」

· ·

我見到有病人突然衝進來，也嚇了一跳。她在外面擾攘的時候，琳坦已經 WhatsApp 通知我大概情況，所以我已有心理準備應對。

我請琳坦給她們一張表格，在候診區填個人資料。這時候，我處理好上一個病人開藥的事，也叫了下一個病人進來。

之後，琳坦 WhatsApp 告訴我，明天早上十一時的劉女士因為患了 COVID-19 不能來覆診，剛好空出一個位置。我出去跟她們說：「一般精神病，真的患了病的話，至少未來一年要不斷覆診，不是今天見了我、拿了藥，就可以痊癒的。我已替妳們找到最快的到診時間，明天早上十一點剛好有個病人取消了預約，如果妳們有空的話，就明天見；如果沒有，那就要另行預約。」

我不是不想幫她們，而是來這裏看病是必須預約的。因為精神科每次看診時間都很長，首次看診大約一小時，覆診大約二十分鐘至半小時，所以很難有時間面見沒有預約的病人。

雅寧想了一下，只好點頭，說：「好好好，明早十一點。」

這時，雨庭插嘴說：「我男朋友也會一起來。」冷言冷語的。

翌日十一時，雅寧和雨庭跟一個男人一起來，這個男人樣子比較成熟，目測超過四十歲，微胖，頭頂微禿，身上穿的是有點牌子的休閒服，看樣子經濟能力不錯。根據資料，雨庭才二十四歲而已，這男的究竟只是樣貌成熟，還是真的比雨庭年長十多歲？

由於病人是雨庭，我邀請雨庭先跟我談。

「我要永佳在我身邊才會說的。」雨庭冷冷的說。我知道這個小胖男就是永佳了。

「但我只能帶你來這裏，我要回公司開會，有一個很重要的會要開。」永佳一邊說，雨庭雙眼瞪得很大的望着他。

「我陪妳就可以了⋯⋯」雅寧的嘴還未合上，雨庭就喝道：「不要！妳出去！妳在這裏，我什麼都不會講！我只要永佳。」

一時間，形成了僵局。

永佳見勢色不對，說：「醫生，看診要多少時間？」

「大約一小時。」

「好吧，我公司在這附近，開會也不會超過一小時，妳先一個人跟醫生說，一小時後我再回來接妳，好嗎？」

雨庭無奈接受，她可能覺得，至少母親也同意待在診室外。

雖然雨庭願意看診，但這次會面的氣氛十分差，不過我仍然知道雨庭犯了什麼事。

雨庭在一年半前認識永佳。一年半，對從十六歲開始就拍拖的雨庭來說，永佳是她交往時間最長的男朋友。

二人同住在永佳於將軍澳的寓所。前一個晚上，二人大吵一架，因此早上上班時都各顧各的，冷戰的空氣瀰漫房間每一個角落。

「今晚開始要加班到半夜，不回來吃飯。」見雨庭準備出門了，還在換衣服的永佳才說出今天的第一句話。

「加班？」原本準備開門離開的雨庭反應極大，在玄關轉過身來說：「是跟新來的年輕漂亮女同事加班，然後一起到時鐘酒店再加班，我沒說錯吧？」

「妳說到哪裏去了？」永佳有點無奈，他停下了扣鈕的動作，說：「我已經說過很多次，下星期是這個廣告 Project 的 Deadline，今晚開始全組人都要加班到半夜。」

「我沒說錯呀，加班到半夜嘛，然後再跟女同事去酒店嘛！」氣沖沖的雨庭打開大門，頭也不回地離開。

「黐線。」雨庭隱約聽見門後永佳的聲音。

離開了大廈，雨庭一邊走，一邊又擔心起來。「如果永佳真的跟那個新同事去酒店，怎麼辦？那個女同事真的那麼漂亮嗎？還是她懂得煮菜呢？我不會入廚，在這點輸蝕了。永佳跟那個女人相處久了，一定會愈來愈喜歡她……」

在胡思亂想之下，突然一個很現實的念頭殺進腦海：「啊呀，我忘

了拿那一份重要的文件了！」因為不想摺皺那份文件，她特別將它放在一個資料夾，但資料夾又放不進手袋，只好另外放開，因為臨出門口的對話，令她忘了拿資料夾。

「永佳該死！」她一邊咒罵，一邊回頭，在馬路的另一方，卻見永佳跟一個年輕女子在一起。

那年輕女子一身黑白色的行政套裝，一頭波浪型的曲髮，戴了一副無框眼鏡。「和年輕漂亮的女同事一起上班？如果我不是漏掉文件夾，我就看不到這一幕，這叫什麼灰灰什麼的！」她隨着怒火的爆發，行人燈號也亮起綠公仔，永佳和年輕女子一起迎面行過來，此刻雨庭眼中只有那位「女同事」，她衝過去，一拳揍在「女同事」的臉上，「女同事」冷不防應聲倒地……

「那不是什麼『女同事』，那是一個完全不認識的路人，一個剛好站在一起等過馬路的路人。」永佳大約四十五分鐘後就回來了，我請他來單獨面見，他說出了事實的另一面。

永佳和雨庭在年半前認識，只花三天，雨庭就住進永佳的家。「那時我剛剛跟拍拖十年的女朋友分手，在酒吧認識了雨庭。她剛好

也失戀，我們互相吸引吧。」永佳說時，臉上掛着一絲微笑。

　　「我三十九歲，比雨庭大十五年。我之前的女朋友比我大兩年，所以雨庭給我很新鮮的體驗，比如……」永佳想了一想，說：「她是一個很依賴我的人，我從來沒給人依賴過，前女友跟我都是很獨立的人。我跟雨庭一起的時候，我要照顧她，這樣我是高興的，原來我喜歡被人依賴。」

　　「不過，當我們度過了甜蜜的蜜月期，就發覺她這份需要依賴的心，是超乎尋常，而她又不自知。她覺得男朋友就是他的全部，她覺得，只要她有需要，即使在天涯海角，我都要回來照顧她──但現實不可能這樣的，當我在公司開一個重要會議，哪有時間去照顧她純粹情緒上的需要？我們常為此而爭吵，我嘗試跟她講道理，她有時明白，有時不明白。」永佳一邊說，一邊搖頭。

　　「除了過分的依賴，還有情緒勒索。每次的吵鬧，即使是一些很小的事，只要我不依從，她就情緒勒索，時而暴怒，時而爆哭。」他嘆了一口氣，喝了一口水，續道：「她這種真實性格在我面前顯露之後，我們相處得愈來愈辛苦，常常鬧分手。」永佳頓了一頓，說：「事發前一個晚上，就是其中吵到分手的一個晚上。」

「今天新同事上班了。」永佳把一盒一盒的外賣放到桌上，也找點公司事跟雨庭閒聊。

「終於請到了，選擇了哪一位？」雨庭也幫忙揭開外賣盒，二人吃兩個中餐餸，一人一碗白飯。

「選了那個剛畢業的女生。」永佳拆開木筷子，準備吃飯。

「就是那個很漂亮的女生？」雨庭把半碗白飯倒在永佳的碗上。

「我沒說過很漂亮呀，但算是漂亮吧，年輕嘛。」永佳笑說。

「你不是說有個鬍鬚男很不錯嗎？為什麼不請他？啊，你是不是對那個漂亮女生有什麼企圖？」雨庭沒有陪笑，反而臉色一沉。

「妳又怎麼了？」永佳察覺到氣氛開始改變，說：「我又不是老闆，請誰我是管不了。」

「不是說你可以給意見的嗎？你給意見的時候是說要請這個漂亮女生嗎？你為什麼不說說那個鬍鬚男有多好？為什麼非要請這個漂亮女生不可？」雨庭說着，怒瞪着永佳。之後一連串責罵如機關槍般，控訴着永佳對「漂亮女同事」將會有不軌企圖。

　　永佳覺得她無理取鬧，不再理睬她，自顧自的吃飯。雨庭罵得累了，也怒氣沖沖地把餸菜放進口中。

　　吃過飯後，永佳厭倦了這裏的氛圍，他想到酒吧唞一唞氣。他穿上便服，拿起銀包，就往大門走去。

　　「寶貝，對不起！」發現永佳穿好衣服準備離開，雨庭收起她的氣餒，甚至連淚水都湧出來：「寶貝，不要離開我，不要！我不要你離開我，對不起，對不起，對不起。」她說着，捉着永佳的左手。永佳不想被她纏着，左手一揮，把她摔倒在地。

　　「我今晚不回來⋯⋯」永佳冷冷的說。豈料那個「來」字還沒說完，雨庭就一頭往牆上撞去！幸好永佳反應快，用手擋在她的頭和牆身之間。

　　「嗚⋯⋯」雨庭掩臉嚎哭，永佳也不好在這個時候離開，他換回睡衣，刷牙，鑽進被窩倒頭大睡。

　　翌日早上，二人關係不見得好轉，面阻阻的，各自各吃一個麵包做早餐，各自各斟水，誰也沒給誰做過什麼。直到雨庭要出門上班了，永佳才想起當天晚上就要開始通宵趕 Project 了，於是對雨庭說：「今晚開始要加班到半夜，不回來吃飯。」

「加班？是跟新來的年輕漂亮女同事加班，然後一起到時鐘酒店再加班，我沒說錯吧？」昨晚才痛哭流涕的雨庭，一大早又變得詞鋒凌厲。

「妳又說到哪裏去了？我已經說過很多次，下星期是這個廣告 Project 的 Deadline，今晚開始全組人都要加班到半夜。」

「我沒說錯呀，加班到半夜嘛，然後再跟女同事去酒店嘛！」

「黐線。」隨着雨庭大大力把門關上，永佳也大聲的嗆回去。接着，他繼續換衣服、梳頭，準備上班。

永佳上班的時候，習慣戴上耳機聽音樂，原本的怒火也在音樂之中漸趨平靜。過一條馬路就到港鐵站，他完全沒有為意身邊站着什麼人，也完全不知道馬路的對面有個正在七情上面，怒氣沖沖的女人，直到「對面的女人」一拳打中「旁邊的路人」，他才發現「對面的女人」是雨庭。

之後的情況十分混亂，被打的女人也不是嬌弱之輩，立即站起來把雨庭推倒在地，但她沒有再戰的意思，立即跑回行人路，拿出電話報警。雨庭站起來想再施予襲擊，被永佳拉着、擁着，永佳大聲地叫：「冷靜！冷靜！我不認識她的！」

「鬼才信你！這個就是新同事，你們一起上班啊！」雨庭一邊想
掙脫束縛，一邊大喊。直到警察到來喝停了她，情緒才回復過來。

之後，所有人都被帶到警署，雨庭被控傷害他人身體。

. . . .

日期：二〇二四年一月二十四日（星期三）
地點：正思精神健康中心

雨庭伸出她的右手，在手腕的位置有着密密麻麻深深淺淺的刀
割。這是第二次問診，距離第一次相隔了兩星期。這次雨庭只有母親
雅寧陪伴。這次雨庭對我的態度一百八十度大變，變得願意說話，願
意讓我聆聽，是我上次親切的舉動讓她放下戒心嗎？

「這條最深的，是第三個男朋友，他說要分手時割的。那次流血
流得停不了，差點死去。」說着，她指向另一條：「這一條是為……
我連他的長相和名字都忘了，是十八歲那年吧，他劈腿，是真的，被
我碰到。他說去加班，但其實是跟那個狐狸精吃拉麵。我手機有追蹤
他的定位，所以知道了。我搭的士過去，在餐廳大吵大鬧，他要我先
回家，我就先回家割一割，他回來之後很驚慌，說不會再犯。但再過
兩星期就跟我分手了，連他家的鎖匙都換掉。」

雨庭十六歲開始就離家出走，住進每一個男友家。「試過有一個男人，跟家人同住，說不方便，但我跟他說不給我地方住，我就去死，我真的會去死的，那時我們在馬路邊，我就這樣衝出馬路，我聽到車輪的緊急響號，他及時把我拉回來。事後，他竟然花了數千元月租酒店給我，我好記得，住了兩個月才分手。」

　　「每次拍拖，我都付出我的全部。」她十分強調「全部」兩個字，所以我也問了有關她的性經驗。

　　「我十六歲拍拖的第一天，就給了當時的男朋友，是高年級學長來的，但兩星期就分手了，他喜歡了他的同班同學。我覺得性愛沒什麼特別，我不介意跟男人上牀，男人喜歡這個嘛，這是我的付出，我什麼都不介意，只要當下有感覺。一夜情？試過，有感覺就可以了。但即使不是太愉快的一晚，我也不覺得怎麼樣。我不知道跟人上牀，我損失了什麼。」

　　雨庭突然冷笑：「有些『仔』要避孕，有些喜歡不戴……我也隨他們。不過有次三個月都沒有來經期，真的嚇死我了，要生孩子我沒辦法，要『落仔』我又沒有錢，那次真的很煩，當時的男友聽到這個情況，又立即說要跟我分手了，那時我在他面前想滾下樓梯，來個一屍兩命。」

「我付出所有，所以每一次分手，幾乎都會想死。」雨庭說到這裏，眼眶突然有一點紅：「或者可以說，有哪一次不想死？可能有吧，忘了。」

這時候，她不再說話，但感覺到她的情緒有點不穩定。我想到這一次，只有母親雅寧陪伴覆診，不如轉一轉話題：「不如談談妳媽媽，她很緊張妳，不是嗎？」

「哼！」冷不防雨庭再一次冷笑，但眼眶的淚水並沒有止住，她說：「她緊張我？對的，她現在十分緊張我，那是因為她找到一個好男人，結了婚，還給了我一個同母異父的弟弟。之後突然母性氾濫，突然明白小時候那樣對我是不好的，現在要補償。」說到這裏，她兩行眼淚已經飆了下來，嗚咽地說：「我小時候過着怎樣的生活，妳問她啊！為什麼我要離家出走，妳問她啊！誰是我的爸爸，妳問她啊！我一直掛念的，只是我的婆婆而已，不是她！」

她愈說愈歇斯底里，我相信在外面的雅寧一定聽到。

雅寧坐在我面前的時候，雨庭在大廳哭着。我請琳坦照顧她，之後聽雅寧的說法。

「是我欠了她的，是我欠了她的……」雅寧一開始說自己的故事，就搖頭嘆息。

雅寧二十歲就把雨庭生下來了，那是一個大部分人都不知道組織家庭是什麼一回事的年紀。「我是因為懷了雨庭，才決定結婚的。雨庭的爸爸是我舊同學的朋友，在一次露營活動認識的，我們很快就拍拖了，也很快就發現有了雨庭。當時唯有結婚，雙方家長都很爽快，我媽媽更把自己的公屋讓出來給我們做新居，自己搬出去住。我爸爸早年車禍逝世了。結婚之後，我跟雨庭爸爸的磨擦愈來愈多，他脾氣暴躁，又不理小孩，突然有一天就消失無蹤，到現在我都找不到他。所以，我聽到的，雨庭要妳問我她爸爸是誰，我的確說不出來。」

雅寧拿出紙巾抹眼淚。相比第一次見面時她堅持要打尖看診的倔強，今天反而流露着絲絲感性。

「之後，我一邊工作，一邊撫養雨庭。白天我請媽媽回來照顧她，但媽媽習慣了一個人住，不願意回來。我白天工作實在太累，也常常要加班，回到家雨庭都睡覺去了，所以也沒多少相處時間。」

「我離婚的時候，還只有二十三歲而已，還是希望有愛情。我不濫交的，我要找到愛我的人，只是我找回來的都是渣男而已……」

「雨庭七歲的那一年，發生了一件事。」雅寧深呼吸一口氣，然後說：「當時我有個男朋友，我以為跟他有將來，把家裏的鎖匙交給他。在他住進來大約一年後，有一晚，我見到雨庭手上有一個洋娃娃玩具，我心想，媽媽不會買這些給她吧？於是我問她那是誰買的，她答我⋯⋯原來那個男人引誘她，說讓他摸胸部，摸十次，就可以有這個玩具。我大驚！怎會發生這種事？」雅寧說着，攤開雙手，眼望天空，像是說着「天啊！」一般。

「我再問下去，是很誇張的事。」雅寧深呼吸一下，然後說：「那男的，『搞』了我女兒半年。最初說給他摸摸臉蛋，就送一粒糖給她。然後要跟他親嘴，又送一粒糖給她。後來他不知如何知道女兒喜歡某個卡通的五個角色，他就說，要女兒讓他摸胸部，摸十次⋯⋯不是摸十下，是不同日子的十次，就送她一個卡通洋娃娃⋯⋯我發現的時候，她已經有三個洋娃娃了⋯⋯」

雅寧嚎哭。房門的兩旁，兩母女都在哭着。

「我立即跟那個人分手，趕走他，門鎖也換了，他怎可以非禮我的女兒？」雅寧愈說愈激動，停頓了好一會，才說：「我不知道怎麼跟雨庭說，我沒有告訴她什麼，只是把那個人趕走，也沒有報警，我不想讓雨庭有不好的記憶。」

雅寧覺得，雨庭既然不覺得自己遭到性侵，不告訴她就是最好的辦法，但這是真的嗎？我後來問了雨庭，她說：「我當時只有七歲，不知道什麼是非禮，但長大之後我懂了，知道自己被侵犯了，也明白為什麼那個叔叔突然就不來了，是媽媽趕走了他吧。但她沒有告訴我什麼，甚至沒有告訴我，身體是不可以讓人隨便摸的。沒有，一句都沒有。」

　　「之後媽媽有沒有說，我離家出走的原因？」雨庭說這話的時候，我沒有給她答案。不過，雅寧有說過，那是反叛期，覺得家裏沒有愛、沒有溫暖。

　　「很簡單，她又把鎖匙交給第二個男人了。」雨庭冷冷的說。「那時我好像十四歲，放學回家，聽到洗手間有聲音，以為媽媽在洗澡，因為家裏也沒有其他人了，但冷不防她當時的男朋友從洗手間走出來，赤着上身，只穿內褲。我嚇了一跳，哇的一聲叫起來，他其實很尷尬，忙衝回房間，不斷說『對不起』，但我不知怎的想作嘔，很不舒服。

　　「我想起婆婆，立即跑到婆婆家，我求婆婆：『我可以跟妳一起住嗎？』婆婆微笑着說：『好！好！』然後打電話告訴媽媽我在她那裏，可能媽媽覺得我礙手礙腳吧，我搬出去，那個男人可以名正言順搬進去了吧。我當時是這樣想的。」

　　雅寧對此的回覆，是含糊的：「那個男人是好人，而且我們也快談婚論嫁了。雖然最後還是分了手……」不過，她否認自己認為男朋友比女兒重要。「我很愛她，但我不懂表達。我努力賺錢，供她讀書上學，盡我的責任。交男朋友是另一回事呀，我沒有因為男朋友而對她有少一分的付出。但那時候她正處於反叛期，她愛怎樣就怎樣，我媽媽的家也不錯，更近她的學校，所以就讓她住進去，我有給生活費我媽的。」

　　不懂表達的母親，再加上引狼入室，令雨庭的生命歷程完全改變。「不過，在婆婆家，我度過了我一生中最快樂的二十個月。雖然，我也有對婆婆發脾氣……對啊，只有二十個月，因為有一天，婆婆走了，突發的心臟病……」

　　說到這裏，她沉默下來。

　　「婆婆走了之後，那間租的房子也要還給人了。媽媽跟那個男人分手，我又回到她身邊……也沒辦法，沒地方住就要住下來了。很快我就交男朋友，就不時去男朋友家住，不停的換男朋友，不停的換住處，也比跟着媽媽好，我不知道哪時她又會把鎖匙給另一個男人。」

「後來，她變得喜怒無常。」雅寧說：「試過她的其中一任男朋友來找我，我也不知道他怎會找到我家，他叫我帶雨庭看醫生。唉，我說，你也勸不到她看醫生，我怎麼勸得動？」

　　之後，雨庭又來了一次，這次跟永佳一起，態度又變得冷漠。不過，我已掌握到她的病情，她患的是邊緣性人格障礙（Borderline Personality Disorder）。

　　「童年遭到性侵、感受不到家庭溫暖，是這個病的其中一個重要風險因素。病徵是情緒失控，會有抑鬱、焦慮的情緒，憤怒也難以抑制，常常放縱自己，也常常自殘，有時自大，有時自悲。」

　　永佳馬上問我：「醫生，這個病可以醫治嗎？」

何醫生的話：

聽到雨庭小時候的遭遇，更能明白她為什麼會患邊緣性人格障礙。童年創傷，如家暴、性侵或性虐待，是這個病的重要原因。此外，父母雙方或其中一方有心理健康問題或濫用藥物，家庭關係敵對、不穩定，面臨分離或病人感到遭受忽視，以及有邊緣性人格障礙或類似的精神疾患家族史，也有機會患病。

我們成長在怎樣的家庭，是不由我們控制的。大人有時也是不由自主，作為媽媽的雅寧，如果能跟第一任丈夫白頭到老，雨庭的人生可能不會變成這樣。可是雅寧的人生也是不由她自主，每個人的命運一環緊扣一環，似乎雨庭的命運也是必然，那她的病，似乎也是必然？

以雨庭的個案，如果雅寧在得知雨庭第一次被性侵時，就用正確方法去處理，包括報警讓犯人繩之於法、找社工給雨庭做輔導，社工或許會對整個家庭做深入訪問，從而提供更好的意見，或許有機會阻止日後的事情發生。

● ●

後記

在這幾次面診中，所有人都把心底的話說出來，加上我鼓勵他們多加溝通和交流，確實有助雨庭的病情。我給了她適量的藥物，也介紹了心理專家給她治療。不過，環境是十分重要的，永佳對雨庭不離不棄，雅寧和雨庭冰釋前嫌，再加上我介紹了他們一起做家庭治療，不足半年，雨庭的情況已經大有好轉，情緒穩定下來。

官司方面，在我介紹的律師荳荳協助下，雨庭跟那位路人庭外和解，賠了一點錢，無論如何，這是一個好的結果。

邊緣性人格障礙
(Borderline Personality Disorder)

要認識邊緣性人格障礙，先要知道什麼是人格障礙（Personality Disorder）。

我們的性格大致影響着四個範疇：思想、情緒表達的方式、人與人之間的關係，以及衝動的控制。以上四個範疇，如果有兩個範疇嚴重出了問題，又持續達一年以上，就會被診斷為人格障礙。所謂嚴重出問題，意指其表現影響到個人、社會，以及其職業發揮的正常功能，甚至有機會令患者感到抑鬱。

人格障礙一般在青少年時期即十五、十六歲，最遲十九、二十歲被診斷出來。如果年紀太大的性格突變，就不屬於這一類。值得注意的是，人格障礙是自然而成的，不是因為其他精神病的後遺，也不是由於其他不良行為如吸毒、濫藥的後果，亦不是一些外傷如頭部受到撞擊所造成。

根據 DSM-5，人格障礙基本有十種，分為三大類型：A 型「奇怪型或異常型疾患」、B 型「戲劇型或情感型疾患」和 C 型「焦慮型或恐懼型疾患」。

以下九項症狀，如符合五項以上，就確診邊緣性人格障礙：

一、 無法忍受被人拋棄，會有激烈反應。

二、 思考模式極端，無論是非對錯，均以自己為中心。

三、 有自我認同障礙，自信心低或過度自信。

四、 一旦情緒低落，會出現自我傷害或放縱的行為，如飆車、瘋狂購物、傷害他人。

五、　會以輕生、自殘等行為，威脅他人不得結束感情關係。

六、　在不適合的環境爆發憤怒的情緒，難以控制。

七、　當情緒失控，憂鬱、焦慮會持續數小時。

八、　害怕孤單，經常感到空虛。

九、　會突然出現與壓力有關的妄想，或嚴重解離現象。（解離現象：個人的意識、記憶、身分、或對環境知覺的正常整合功能遭到破壞，而這些症狀卻又無法以生理的因素來說明。）

Story 3 「其實妳中學時代的抑鬱症，是未痊癒的。」

——產後抑鬱的可能性

「出力！一、二、三，呼——」產房內，國良拿着攝錄機，一邊等待兒子出世，一邊教妻子珮芝如何呼吸，緊張之情，溢於言表。

「出力！出力！看到 BB 的頭了，加油！加油！」護士們彷彿被國良的「肉緊」感染，都一起替即將出生的嬰兒打氣。珮芝的預產期原本是在兩星期後，但今早在家時突然穿了羊水，國良那時正在穿衣服準備上班，連忙叫救護車，不知道有沒有記得請假，但他出門前卻記得要拿攝錄機。

「嬰兒出來了，爸爸會負責剪臍帶嗎？」國良手忙腳亂的，放低攝錄機，從護士手上接過剪刀，小心翼翼的在臍帶上一剪，然後醫生再做一點工夫，國良回過神來，他已經手抱着自己的兒子。

「BB 出世了！二〇一七年三月二十九日，下午五時五十五分！」護士替他們記下嬰兒的出生日期，也替他們一家三口拍了一張合照。

合照中，珮芝一臉倦容。那是超過六小時的戰鬥，她想不到生一個孩子要這麼辛苦，什麼十級痛，真的要親身感受才知道。

兒子可能早了一點來到這個世界，比較虛弱一些，頭三天都要睡在氧氣房。「不會有事啦，很普遍。」國良望着病牀上珮芝憂心的樣子，不斷安慰她。

「國良什麼都好，只是年紀大了一些。」這不是珮芝說的，是她的伴娘子琪說的。那時是珮芝第一次把男朋友介紹給閨蜜子琪之後，二人晚上拿着電話用 WhatsApp 錄音談天時說的話。「妳只有二十五歲，他四十七歲，大二十二年啊。」

「二十二年也不是差距很大……」

「愛情真的讓人……讓人……不能理解！」

「哈！哈！哈！」「哈！哈！哈！」她們喜歡在錄音時把笑聲錄進去，作為二人結束話題的默契。

與國良的相識，除了緣分，就什麼都不是。

婚禮當天，擔任司儀的景明，生動地說出這個故事。

「可能你們不知道，我是國良上一份工作的上司，是我讓國良和珮芝認識的。」景明是某出版社的主管，他有三個下屬，國良最資深，做了二十年。「話說那時候國良突然辭職，被人高薪挖角。同一時間有一個助理編輯也要離職，我那個部門四個人，一時間只剩下兩個。那就

怎樣？唯有登報紙請人吧。幸好，兩個職位都很快有回音。那個助理編輯職位，我原本已經決定好人選，只是還未把文件遞給人事部。那天早上，我正要把文件遞上去，卻發現檯頭多了一封應徵信，我一拆開，咦！這個小女孩好像更不錯啊！成績優異，年年都得到獎學金！這女孩是誰呀？」景明說着，把左手放在左耳旁，台下賓客都會意，大聲說：「珮芝！」

「一星期後，珮芝上班。國良還有七個工作天才離開。他們就在這七天擦出愛火花！」景明說着，右手轉動一下手腕：「但是，但是，如果當天，我沒有看到珮芝的應徵信，或者，我把上一個應徵者的文件交上人事部才看到應徵信，國良和珮芝，就不會相遇了！」

國良對珮芝，是一見鍾情的。他甚至想過，收回辭職信，留下來追求珮芝。年齡在他眼中是不是障礙，他告訴自己，追求過才知道。就像連上天都願意幫助他一樣，他跟珮芝竟然都住在沙田區。

「我並不是住在市區，所以要到沙田站轉乘小巴。」珮芝說。

國良聽到她住的位置，立即說：「不，你不應該到沙田站才下車，你應該在鑽石山轉巴士，會更快！」

　　珮芝第三天就發現這位國良在她身邊出現的頻率很高，但她並不抗拒。不知怎的，她覺得國良的聲音很好聽，很想聽他的聲音。而且作為一個社會新鮮人，有國良這些經驗豐富的人帶着，的確事半功倍。她很喜歡聽國良說故事，話當年。

　　他們認識的第七天，也是國良最後一個工作天，成為了他們的約會紀念日。這天珮芝沒有在鑽石山下車，他們一同乘地鐵到石門，光顧了一間日本炸物店。

　　之後的故事，就屬於他們了。縱使身邊的人多番質疑，但愈質疑，他們相愛的決心就愈大。

　　兩年後，他們決定結婚，一年後，兒子出生。

　　終於，兒子離開了氧氣房，回到母親身邊。珮芝望着剛生出來的孩子，感到鬆一口氣之餘，更感責任重大，她知道，要好好把他養大，給他最好的、最無微不至的照料。

　　她不希望兒子過一個沒人照料的人生。

珮芝從不認識自己父母。對她而言，父母就是每年清明重陽到圓玄學院拜祭的一張合照。聽說，她的母親在她出生後不久就死去了，父親兩年後也逝世。珮芝從兩歲開始，就是個孤兒。父親的哥哥，也就是她的伯父，好意收留和養育她，但不幸地，伯父在珮芝六歲那年，也去世了。

　　剩下伯娘一個，照顧……三個小孩。對，伯父伯娘自己也有一對女兒，他們是孖生的，比珮芝大兩年。伯父尚且重視弟弟的女兒，但伯娘又豈會這樣想？從血緣的角度，她跟珮芝真是非親非故，死鬼老公的死鬼弟弟的女兒，能付出多少愛心？願意繼續養育，已算是最大的恩情了。所以，孖女的衣服穿厭了穿破了，才輪到珮芝穿；孖女生日時有一個盛大的生日會，珮芝幾乎不知道自己生日已經來過；利市錢孖女有一百元，珮芝只有二十元；孖女考第十都有「前十名獎勵」，珮芝年年考第一也沒人關心。

　　小孩才最懂看這些「眉頭眼額」，孖女知道母親的差別待遇，對珮芝十分蔑視，就像《灰姑娘》故事一樣，珮芝小學三年班就要開始做家務，孖女看電視時，還嫌做家務的珮芝遮擋着電視機。

　　不過，小五那一年，有幾個月，孖女突然對珮芝好起來。「妹妹，一起看電視！」

　　「我要掃地啊！」「看完電視才掃啦，這套卡通片很好看。」孖女突然輸出的溫暖，令珮芝既驚且喜，她一直渴望兩個姐姐可以陪自己玩，所以即使原本打算用來溫習的時間，也換來跟孖女看電視，談卡通片劇情。孖女有一些視為珍寶的玩具，本來一直不許珮芝接觸，甚至多望一眼也會被她們罵，但現在竟然能讓她用雙手緊握着，珮芝笑得很開懷，甚至她有那麼的一刻，想流下感動的眼淚。

　　誰不知，這只是惡作劇。「妹妹，今個學校考試考得如何了？」「考第三。」

　　「太好了！計劃通！」孖女興奮得跳了起來。原來，她們妒忌珮芝年年考第一，想出一個方法把她拉下馬，就是讓她跟自己玩，削減她的溫習時間。

　　「我原本以為妳會跟我們一起考第十，怎料仍然有第三。」從此，孖女再也不跟珮芝看電視了，也不許她「看」她們的玩具。

　　這一切，伯娘都看在眼裏，但沒放在心上。

　　孖女升中學的時候會有零用錢，珮芝升中學的時候也有，彷彿令珮芝喜出望外。

「每個月五百元，要跟同學去街玩還是什麼的，要使費就花這五百元。」伯娘雖然差別對待，又愛理不理，但應給的錢還是會給，可是五百元會否少了一點？珮芝有這個疑問，因為孖女各有一千元。

可是，珮芝根本用不到這筆錢。一般在學校名列前茅的同學，都會受歡迎，但珮芝是例外的，因為成績好的同學除了她，還有年年考第二、考第三的同學。嘉欣和樂心都是性格開朗的人，很容易交朋友，相反珮芝個性比較孤僻，一個朋友都沒有（閨蜜子琪是到了中學六年級才認識）。同學們都不是壞人，但有時言者無心，聽者有意。

比如，說小五那一年。「嘉欣考第一！樂心考第二！」當全班知道他們二人在期末考的成績終於越過珮芝的時候，竟響起一陣歡呼，有的是因為替好朋友高興，有的是有鋤強扶弱的心態，畢竟珮芝已經連續四年半考第一了，人人都期待着新科狀元，一時的興奮忘形，忽略了珮芝的感受。那天，沒人留意珮芝下課後離開課室的時間，因為根本沒有人在意她。

這班同學幾乎原校升上中學，嘉欣和樂心的成績一直在進步，跟珮芝鬥得難分難解——其實也沒有人在鬥，班上也沒有太大的競爭氣氛，就只有珮芝自己心裏不舒服。同學們都在成長，有人開始願意跟珮芝做朋友，中午的時候也有人會跟珮芝一起吃飯，但愈了解同學的背景、故事，珮芝就愈高興不起來。

「他們都有爸爸，有媽媽。偉文的爸爸是一個游泳健將，家裏有許多獎盃；志森的媽媽每天都會做很漂亮的便當給他當午餐；樂心在學校有一個大她三年的姐姐歡心，是學生會主席，人又漂亮，又很照顧樂心；柏堅的爸爸是個消防員，他很自豪，常把爸爸掛在口邊⋯⋯而我，沒有爸爸，沒有媽媽，也沒有疼愛我的姐姐，我算是什麼？」這是珮芝第一次看精神科醫生時說的話。

她看精神科，是在中四那一年。她感到自己很不對勁。「我覺得每天都很累，也提不起勁，即使有好笑的笑話，我都笑不出來。晚上睡不著的時候，我常常在想，我為什麼要存在這世上？還不如死了就好。我會望向窗邊，如果沒有窗花阻擋，我恨不得跳下去，就此了結。即使現在死了，我也不覺得有什麼不好。」她對當時的精神科醫生這樣說。

她看精神科這件事，沒有人知道。伯娘不知道，她兩個女兒也不知道。

珮芝很聰明，也可以說她一直緊張學業。那段日子，她對學習都提不起勁，成績下跌，測驗跟不上，讓她有點恐慌。她想解決自己的問題。有一次，她看見巴士車身的廣告，有關抑鬱症，她突然想：

「我是不是患了這個病？」她上網一查，看到有關抑鬱症的徵狀，數一數，竟然中了四五個！

「我患了抑鬱症，怎麼辦？」一方面，她感到慌亂，因為不知道是一樣怎樣的病；另一方面，倒是積極的，因為她知道有方法治療。

「治療，應該找醫生吧，是找精神科醫生嗎？」她只是個學生，沒有錢，原本打算看公立醫生，但在上網搜尋的過程中得知，原來她未成年，到公立醫院需要家長陪同。「不可能叫伯娘帶我去吧……」她心想。而且，公立醫院排期很久，「遠水不能救近火啊！」她嘆息一下，就決定找一個在家附近的醫生（她不知道，先找家庭醫生也是一個辦法，家庭醫生會替你轉介），但發現精神科醫生幾乎都在港島一帶。

「那診費豈不是很貴？」她每個月只有五百元，幸好她一踏入十五歲就到快餐店做兼職，這段日子都儲了萬多元，她想，沒辦法了，求醫才是當務之急。她幾乎帶了所有積蓄，到一間精神科醫生叩門，去到才知道這些專科醫生都要預約，沒有即時應診的，但剛好那天有病人臨時爽約，珮芝等了一小時，就可以見精神科醫生大偉。

大偉證實了珮芝患了抑鬱症，給她服藥和安排心理專家治療，一個月覆診一次。珮芝服藥一個月後，覺得好轉了一些，人也漸漸回復

動力。三個月後，她覺得自己康復了，主要原因是成績終於變好。另一方面，為了治病，她把幾年的積蓄都用盡了，她已經沒有經濟能力再去覆診多一次。

這段往事，隨着時間，連珮芝自己都漸漸忘記了。怎會想到對日後有影響？

珮芝和國良的房間，由原本充滿歐洲式典雅的高級貴族味道，變成了一個嬰兒樂園：毛公仔、搖鈴、風鈴、小拼圖、木馬……應有盡有，充滿了新生的喜悅。

珮芝在這個房間，正給兒子一龍哺乳。這應該是一幅溫馨的畫面，但珮芝的眼中沒有母愛的光輝，只有深深的迷惘和恐懼。她的心情就像窗外忽明忽暗的天空，不知何時會迎來暴風雨。

從醫院回來後，她經常感到疲憊不堪，即使是在一龍安靜睡着的時候，她也無法放鬆自己。每當夜幕降臨，珮芝卻在孤獨中掙扎。她的心情像下雨天不定時出現的閃電，忽明忽暗。她十分緊張一龍，但同時也被一種無形的重擔壓得喘不過氣來。她睡眠時常被噩夢打擾，夢裏她總是在追尋一些遙不可及的東西。

她感到一種無法言喻的空虛和焦慮，這是她從未經歷過的。為了驅走苦悶，她將所有的時間和精力都投入到了照顧一龍上。她讀了無數的育兒書籍，打算跟隨每一個成長里程碑，並且不斷地檢查、擔心他是否一切正常。她的世界緊緊圍繞着這個小生命轉動，而自己的需求和感受卻被遺忘在角落。

　　「一龍，飛～～飛～～」國良每次回家，都很開心的跟一龍玩，把他舉高，作勢拋起來，每次都逗得一龍哈哈大笑。國良的爸爸媽媽也很開心，每到周末都會過來弄孫為樂。

　　順帶說一句，自從大學畢業，找到一份工作，人生開始獨立，可以搬出去住之後，珮芝已經沒有跟伯娘和她的兩個女兒聯絡，連結婚都沒有邀請他們。另一邊廂，國良的父母第一天就喜歡珮芝了，珮芝甚至覺得，他們待自己如親女兒，她彷彿感受到從來沒有試過的父母之愛。

　　然而，望着兩老跟孫兒玩，珮芝有一份莫名其妙的孤寂。

　　還記得百日宴的那一天，她一整晚就抱着一龍不放。「一龍未試過見這麼多人，他會受驚的。」當老爺和奶奶問她的時候，她這樣回答。兩老十分體諒，就只是這一晚不能抱孫而已，但其他賓客倒不是味兒。「不用怕，我來抱抱，孩子要壯一壯膽才行。」一個較為粗枝

大葉的親戚，珮芝已記不得他是誰，帶着酒氣來到珮芝面前，誓要抱抱嬰兒。

空氣彷彿有兩秒尷尬，替珮芝解圍的，竟然是一龍，他突然的哭起來，哭聲震天，嚇到那位親戚酒醒了一半。原來一龍肚餓了，珮芝忙給他餵奶。

珮芝對一龍的照顧無微不至，甚至到了極致。每天，她不停地檢查他的體溫，擔心他會生病。每當一龍哭泣，她的心就像被刀割一樣痛。「小孩子哭是很正常，他不懂說話嘛，哭聲就是代表說，他要吃東西了，他要上廁所了。聽得多，妳可以從他的哭聲中，推斷他究竟在哭什麼。」有一次，奶奶笑着對珮芝說。可是，珮芝試圖用完美的照顧來證明自己的能力，甚至是自己的母愛，所以每次一龍一哭，她自己都差點哭出來，這種過度的關注反而讓她更加焦慮。

珮芝其實也發現，抑鬱症好像回來了。她開始食慾不振，體重急劇下降。她對以前喜歡的事物失去了興趣，包括大學才開始學習的繪畫，她也不再碰了。她的情緒起伏不定，有時候對國良發脾氣，有時候又突然哭泣。

國良非常溫柔，面對妻子性情變化，他極力安撫：「不要太緊張，一龍必定會健康成長。」

可是，老來得子的喜悅掩蓋了一切，他沒有意識到，他的妻子正在經歷一場無聲的戰鬥。

珮芝意識到自己病發，但她可沒時間去醫治了，她要好好照顧一龍。而且，她害怕被誤解，害怕被貼上「不稱職母親」的標籤。直到某一次，一龍又哭了，這時候，珮芝開始懷疑自己的價值，甚至質疑自己作為母親的能力。她的自我價值感幾乎消失，取而代之的是無盡的自我懷疑，她感到挫敗，她要一龍停止哭喊去證明自己的努力沒有白費，她想掩着一龍的口，要他停止哭泣……

產後抑鬱症像一個無形的魔鬼，悄無聲息地侵襲了珮芝的心靈。

幸好，千鈞一髮之際，她的行為被奶奶看見了。「珮芝！」奶奶一喝，珮芝醒轉過來，雙眼流出淚水，直到奶奶把一龍放回嬰兒牀，把珮芝摟着，淚水仍然止不了。

當年跟進珮芝的精神科醫生大偉已經移民到加拿大，珮芝通過奶奶的朋友介紹，來到我的診所。珮芝把她的故事都告訴我，只要我想知道的，她都知無不言，讓我掌握最多的資訊，這樣對她的病情才有幫助。

　　她的確患了俗稱的「產後抑鬱症」。根據 DSM-5，產後抑鬱症是「伴隨圍產期起病」的抑鬱症，徵狀跟抑鬱症一樣。「為什麼我會有產後抑鬱症？」珮芝問。

　　「現在醫學上，仍然未完全掌握產後抑鬱的成因。一般說法是女性在產後的荷爾蒙急劇變化可能與此病有關。此外亦有其他因素，如缺乏伴侶支持，或者同時間生活上遇到困難。但這兩個條件並不適用在妳身上；也有因素就是嬰兒早產，以及曾經有抑鬱症病史，這可能跟妳的病有關了。」

　　說到抑鬱症病史，我在排版檔案中知道，她中學時只是覆診了三個月，就沒有再處理，這裏我特別強調這一點：「其實妳中學時代的抑鬱症，是未痊癒的。」

　　我說：「妳自己覺得痊癒了，不再覆診，其實一般抑鬱症療程至少要服藥一年的。妳的抑鬱症很大機會未完全康復，是有很大機會復發的。當然，這次的『產後抑鬱』跟中學的抑鬱症有沒有關連，倒沒有什麼證據能證明。但這一次，妳必須完成療程，必須等到我跟妳說：『下次不用再來了。』才可以離開。」我一邊說，她一邊點頭，從她的眼神知道，她這次不會冒然自行判斷病情，畢竟現在沒有金錢的問題，加上為了兒子，她知道自己必須是一個健康的媽媽，無論身體上還是心靈上、精神上。

何醫生的話：

一個抑鬱症的療程至少九個月至一年。

珮芝在中學時代患病時，只服藥三個月，其實她是未完全康復的。當時她有金錢的問題，沒錢看病，這時候可以坦白向醫生提出，醫生可以替她寫轉介信，到公立醫院求診、取藥。千萬不要自我判斷是否康復、停止服藥、不再覆診。

至於產後抑鬱症，最重要還是身邊的人，無論是伴侶、父母，對新任媽媽的情緒要小心觀察，有異樣就要求醫，畢竟這個病，媽媽除了有自毀傾向，也有機會傷害嬰兒。

· ·

後記

　　「年年都有今日，歲歲都有今朝，恭喜你，恭喜你！」在酒樓的廂房，有三圍檯，為國良慶祝五十二歲生日。

　　「五十二歲就要唱福壽版生日快樂了嗎？我可是很洋化的，繼續唱 Happy Birthday to me 才是！哈哈！」國良開心地接受祝福。

　　這時候，一個小男孩跑到他身邊：「Daddy，生日快樂！」他是一龍，今年四歲了，成長得精靈活潑。

　　「家嫂呢？家嫂來了沒有？」奶奶突然問。這時候，女傭推門進來，後面的珮芝抱着另一個娃娃，微笑的走進來。「大家好！二鳳，跟大家打招呼，然後對 Daddy 講，Happy Birthday！」

　　四年過去了，珮芝的抑鬱症已經痊癒了，一個月前剛好誕下女兒二鳳，沒有任何抑鬱症的徵狀。一家四口，連同老爺和奶奶就是一家六口了，開開心心過每天的生活。

產後抑鬱症

婦女在懷孕期間，女性荷爾蒙會有劇烈變化，尤其察覺到身為母親的責任感，會讓女性的情緒起伏很大，甚至變得憂傷鬱悶、感覺不到快樂，或莫名其妙地會哭泣，這些情緒症狀被稱為「產後低潮（baby blues）」，高達百分之三十至七十五的產婦，在生產後三至五天內會出現這些情緒徵狀，而這些徵狀一般兩星期內會消失。若這些徵狀持續超過兩星期或以上，愈來愈嚴重，就要考量可能患上產後抑鬱症或其他精神病。

在 DSM-5 中，產後抑鬱症並非一個大分類，而是歸類為抑鬱疾患（Depressive Disorder）入面其中一類「伴隨圍產期起病」（With peripartum onset，即「產後抑鬱症」）。

一個懷孕婦女患上產後抑鬱症的機率，大約百分之三至六，當中有一半孕婦，在懷孕期間已經患病。如果在懷孕後病發，大約在四至六星期內。

一般認為造成產後抑鬱症的危險因素有下列幾項：
    一、 過去曾是抑鬱症患者或為其他精神疾患，或前胎有產後抑鬱症，或平時有嚴重經前症候群或經前不悅症。
    二、 懷孕過程中即有抑鬱或焦慮症狀者。
    三、 生活中遭遇重大事件，如失去親人、婚姻家庭問題、失業等。
    四、 社會支持或資源不足者。
    五、 懷孕或生產時出現併發症，如：妊娠高血壓、早產或生產併發症等。

重性抑鬱疾患
（Major Depressive Disorder）

根據 DSM-5 診斷準則：

A. 以下五項或更多症狀在兩周內同時出現，其中至少包含「一、憂鬱情緒」或「二、失去興趣或愉悅感」。

 一、 憂鬱情緒：幾乎整天且每天心情憂鬱，可由主觀報告如感到悲傷、空虛或無助，或由他人觀察如看起來在哭得知，如果是孩童及青少年，可以是易怒的情緒。

 二、 失去興趣或愉悅感：幾乎整天且每天明顯對所有活動降低興趣或愉悅感。

 三、 體重明顯減輕或增加，一個月內的體重變化超過百分之五，或幾乎每天食慾都會降低或增加。

 四、 幾乎每天都失眠或嗜眠。

 五、 幾乎每天都會出現精神運動性激動或遲緩。

 六、 幾乎每天都感到疲倦或無精打采。

 七、 幾乎每天都會感到無自我價值感，或有過度或不恰當的罪惡感，可能達妄想的程度；不僅是對生病自責或內責。

 八、 幾乎每天的思考能力和專注力降低，或是猶豫不決。

 九、 反覆想到死亡（不只是害怕死亡），反覆有自殺意念而無具體執行計劃，或有自殺舉動，或是有具體的自殺計劃。

B. 這些症狀引起臨牀上顯著苦惱或社交、職業或其他重要領域功能減損。

C. 這些症狀無法歸因於某一物質或另一身體病況的生理效應。

D. 抑鬱症發作無法以情感性思覺失調症、思覺失調症、類思覺失調症、妄想症或其他特定或非特定思覺失調症和其他精神病症做更好的解釋。

E. 從未有過躁症或輕躁症發作。

「趁那個同學到廁所，我從後一刀插入他的屁股上，插完就走。」

——反社會人格的徵兆

這個案，很久以前的了。

現在，我是私人執業的法醫精神科專科醫生，會為要上法庭的病人診治和寫精神健康報告，也會為一般精神科病人看診。回到二〇〇五年，我在英國精神科專科畢業回港之後，在政府的法醫精神科部門任職。那時候，所有工作都由上司委派，主要是代表律政司替可能患上精神病的疑犯問診，然後寫精神健康報告，有時也會替在囚人士做健康評估。

當年有一宗個案，令我難忘。當我想到要寫童年精神健康，就想起他。

小志強

日期：二〇〇八年七月四日

地點：壁屋懲教所

「小志強，停手！」在壁屋懲教所，一眾少年犯都在慌亂中大吵大叫。午飯時間，外號「小志強」的蕭志強單人匹馬衝入飯堂，他的眼神充滿怒火，像是盯着某個敵人，卻見人就打，見人就推，見人就撞，完全不顧自己或他人的安全。他一邊動手，一邊大聲喊着：「是誰？是誰

做的！不說就全部都打！」其他的少年犯面對這突如其來的驚嚇，一時間不知道該如何應對。

不一會，大批懲教人員聽到了騷動，紛紛趕來制止這場混亂。他們中的一些人試圖與小志強溝通，希望能平息他的怒火，但他似乎聽不進任何話語，只是繼續他的狂暴行為。最終，在一陣混戰後，懲教人員合力將他按倒在地，給他戴上了手銬。小志強掙扎着，嘶吼着，但最終還是被壓制住了。

小志強來到壁屋之後，一直情緒不穩，過分自我中心的他，經常與其他少年犯起衝突。這次是因為什麼事而發飆，連小志強自己都說不清楚，懲教署決定把他暫時送到小欖精神病治療中心。

日期：二〇〇八年七月六日
地點：小欖精神病治療中心

這天早上，法醫精神科在小欖精神病治療中心舉行例會。對啊，當年我主要在小欖和青山醫院工作，其中小欖雖然說是治療中心，但其實是一個高設防監獄。住進小欖的病人，大多是因為患上精神病而犯案，並在此服刑的人，也有是懷疑因精神病犯案、但仍未判案而在還押的

人，也有本身沒有病，但因為懷疑患上精神病而調到這邊診治的囚犯。而我們整個團隊，就是要負責照顧這班病人。

會議中，我們集體討論正在照顧的病人。首先由我的同事 Jason 負責講述他正在跟進的縱火案，發現疑犯有思覺失調的徵狀；Vicky 負責的辦公室非禮案，她認為犯人並沒有精神病的迹象；之後到我分享負責的超級市場偷竊案件，犯人說自己有強迫症，但我覺得他患的其實是偷竊癖，會中曾對此作了一點討論。

之後，主管 Gary 拿出一份報告，放到我面前，說：「Robyn，由妳負責小志強這個 Case。」

「小志強？足球小將？」Jason 笑說。

「是蕭志強。」我看一看檔案，說：「花名吧。他正在壁屋服刑，是因為運毒？二十一歲，小小年紀⋯⋯。」

「不是花名呢，是他在黑社會的綽號。」Gary 微笑着，向我搖一搖頭。

第一次問診
日期：二○○八年七月六日
地點：小欖精神病治療中心

　　法醫精神科部門每一期都會有一位實習生到此實習半年。這期的實習生叫 Mandy，我是負責帶她的導師。法醫精神科部門會議完畢之後，我們二人一起向小志強問診。

　　小志強，二十一歲，皮膚黝黑，身形結實，雙眼兇神惡煞，他的眼神彷彿在告訴每一個人，你們每個人都是該死的。

　　「你可以陳述一次為什麼要來小欖嗎？」我請 Mandy 問第一條問題。小志強上下打量了 Mandy，說：「這裏比懲教所好多了，有牀瞓，又有靚女。」Mandy 見他出言輕佻，用倔強的眼神回敬，小志強搖一搖頭，回復一臉不滿的模樣。

　　「你可以陳述一次為什麼要來小欖嗎？」Mandy 用更冷漠的語氣再問一次。小志強無奈，把在壁屋失控的情況簡略地述說。但至於為什麼要去壁屋，為什麼年紀輕輕就進了黑社會，為什麼跑去運毒，一系列的問題，Mandy 花了很多力氣，終於問出頭緒，但竟然要追溯至小志強出生開始……

日期：一九九三年六月三十日

　　這天，天空灰暗暗的，但沒一滴雨水，彷彿蒼天在忍着眼淚。電器舖數十部電視機一同播放着搖滾巨星逝世的新聞，部分行人駐足觀看，神色凝重。素梅並沒有注意這天發生的事，因為有更重要的事正待她處理：昨天晚上，她接到女兒心美的電話，說即將移民澳洲，要把兒子寄居在她那裏。

　　她返回深水埗的一幢唐樓，把丈夫生前睡的一張牀——現在成為了放雜物的地方，簡單整理一下。她十分喜歡孫兒，要照顧他當然是義不容辭，但一想到志強將來沒有媽媽，心裏不禁有氣。

　　心美和天成在一九八六年結婚，結得十分匆忙，半年不到志強就出生了。心美在婚後才知道，天成是一個大賭徒，逢星期三和星期六日會蹲在馬會投注站賭馬。沒有馬賭的周末，他會一個人到澳門玩兩手，雖然未至於傾家蕩產，但花在賭錢的時間遠超想像。家用只在贏錢的時候才給，但賭仔哪有賭贏錢的時候？漸漸地，天成輸錢的時候，就會在心美身上發脾氣，也會打志強。心美忍受不了，最後在一九九〇年，即志強三歲那年，跟天成離婚，帶着志強搬了出來。

　　之後的日子，心美一個人忙着工作，志強上了幼稚園，讀上午班，由婆婆素梅接放學和照顧一個下午，待心美下班才把志強接回家。

　　就這樣過了兩年，一九九二年，心美的公司空降了一位新上司，她的生命也空降了一個新男人。男人來自一個有體面的家庭，心美一直隱瞞自己有個兒子這件事，直到東窗事發，男人要求她選擇。

　　「要不就分手，要不就跟我過加拿大生活。」心美離不開那個男人，在一九九三年的這一天，她決定跟志強在素梅家多吃一餐飯，就從此永別。

　　「他是妳的親生兒子，妳怎可以這樣做？」素梅對着女兒破口大罵，可能這生也沒多少次。

　　「跟那個爛賭二的婚姻是我人生的污點。」心美並不激動，但說得決絕：「這個兒子長得愈來愈像他了，我不想記起他，我要過我的新生活，一切只能說一句抱歉。」

「當時，她以為我聽不明白，但我已經六歲了。」小志強右手做一個「牛角」狀，冷笑。

「之後，我由阿婆照顧。」小志強說的時候，嘴角不其然露出微笑：「阿婆就超級好人了，我說要買什麼，她都買給我，我說要做什麼，她都帶我去做。每天我都不想做功課，交不到功課，老師用紅色筆寫手冊，大大隻字寫『屢次欠交數學，請家長注意』，有時候一天會有三個欠交紀錄：『欠交中文詞語』、『欠交健教功課』、『欠交英文』，老師們都想阿婆罵我，但阿婆沒有，她就在手冊上的紅色字旁邊簽了自己名字。考試我不是考最後一名啊，我還是有點斤兩的，我不是蠢人，基本的加減乘除，簡單的中英文生字我還是會的，雖然考得不算好，全級尾五、尾六吧，但剛剛可以升班。」

我和 Mandy 對望了一眼，我想 Mandy 心中也有相同想法，這位外婆的溺愛太誇張了。

「可惜，阿婆兩年後死了，她患了血癌，突然就死了。」

心美甚至沒有出席素梅的喪禮。這兩年來，她用自動轉帳將生活費轉到素梅戶口，就從不過問。

外婆的離去，讓志強突然變成了孤兒，衣食住行怎麼辦了？

我們查到，志強在學校因為紀律問題，所以一直有社工跟進，而我們也竟然能夠聯絡到當時的社工。這全靠 Mandy，她工作時有一股鍥而不捨的精神，這應是這世上每一個人都應該有的特質，現在變得罕見，令到 Mandy 這類人變得更出類拔萃。

我們用電話跟陳正義聯繫上了。「很難不記得。」社工陳正義仍然記得志強這個孩子。

「我輔導過的人當中，他算比較特別。他有小聰明，但讀書不專心，上課時坐不定，常在課堂跑來跑去，又經常發小脾氣，試過說謊，也試過跟同學打架，我記得還試過偷東西。有一次，他跟同學打架，不，正確點說是他打同學，所以要見家長，他的婆婆來到，竟然說：『小朋友打架很正常，只是玩玩而已。』之後不久，婆婆死了，他的問題惡化了，試過生氣的時候弄壞別人的東西，又試過有人當面指摘他不對，他就一拳揍下去。」

「他的婆婆死了之後，聽說你找到了他的父親？」

「對，他那時缺乏照顧，我們把他暫寄在男童院，然後幾經艱苦終於聯絡了他父親。他父親蓬頭垢面，滿臉鬍渣，不過志強的嫲嫲也

一同到來，嫲嫲的樣子比較正常，至少會問學校的一些情況，因為他們是直系親屬，我們就把志強交回他們手上。」

「最後，志強說他有看精神科，可以告訴我詳細情況嗎？」

「對，小一上學期，因為他經常坐不定，騷擾同學，學校請他來見我。這情況我們一般都會請家人先帶他看家庭醫生，婆婆當時還在生的，就帶志強看醫生，醫生替他轉介到公立醫院的精神科，大約大半年後應診，醫生認為他患有專注力不足及過度活躍症（ADHD），給了些藥。但據我所知他並不定時服藥，不知道是婆婆善忘還是其他原因，所以他沒有多大好轉。由於婆婆說沒有錢，所以只能讓他定時到公立醫院覆診，但其實他有沒有覆診？婆婆一直說有，爸爸也說有，但我一直懷疑他沒有。」

陳正義再交代一些微枝末節後，就掛線了。

第一次問診結束之後，我跟 Mandy 回到辦公室，一起討論病情。談到他的 ADHD，我考驗 Mandy：「如果小志強不服 ADHD 藥物，有什麼後果？」

Mandy 答：「ADHD 的藥物，會控制他的徵狀，但只有幾小時效力，他需要長期持續服食。如果不服藥，徵狀會一直影響着他。」

Mandy 的書讀得不錯。的確，目前 ADHD 藥物是控制病人的徵狀，讓他們在既定時間可以安定下來，專注做事。

「他看醫生是小一下學期的事，ADHD 不會因為不服藥就會令病情嚴重的，但他後來的表現，似乎不是單憑 ADHD 就可以解釋。」我再覆查小志強的檔案，做了初步判斷：「我認為他最初只是患了 ADHD，但後來還多了行為障礙（Conduct Disorder）。」

「行為障礙？」

「沒錯。打架、說謊、偷東西，已經是行為障礙的特徵了。」

「同時患了兩個精神病，其實小志強蠻可憐的。」Mandy 有點同情他起來。

「這還不足以導致現在的結局。」我嘆息一聲，說：「下次繼續問診，談到中學時候的問題，就會知道得更清楚了。」

第二次問診
日期：二〇〇八年七月十三日
地點：小欖精神病治療中心

　　第二次問診是在一星期後。

　　「我小四住進嫲嫲的家。」比起第一次見面，他好像較願意說話。可能他明白，盡快完成才可以盡早結束問診。

　　「阿爺一早死了，那裏只有阿嫲同老豆。老豆基本上都不在的，他去賭錢嘛。不過他在的時候還是會問我功課。阿嫲對我⋯⋯沒有阿婆對我好，她事事都要管着我，一定要我做功課，否則不可以離開書桌，不可以去看電視。我當然不理會她，她最初也有罵我，後來卻不再理我。不過我有點怕她，所以小六下學期開始，我放學後不會立即回家的。」

　　「那會去哪兒？」Mandy 見他突然停下來，就問了一個問題，想他繼續說下去。

　　「遊戲機中心啊，也在那裏認識了一些朋友。」那時候是一九九八至一九九九年，遊戲機中心也開始式微了，可以想像什麼人才會仍然在那個地方逗留。

以他的成績，當然只能升讀一間 Band 3 的學校。那裏是「藏龍臥虎」之地，小志強不禁說得興奮：「學校天台有一個暗角，入面放滿了鐵通，有什麼大衝突，就會有人衝上去拿來打架！」之後，小志強仔細地說了一場發生在中二的打架事件，他和鄰班的同學，因為鄰校的一個女孩子而打架，最後由兩個人變成兩班人的亂鬥。「不過，老師們第一時間不是來勸架，而是找人守着天台！哈哈。」

似乎，小志強很喜歡說他的「豐功偉績」，簡直是滔滔不絕。「不過，拳腳架我之後都比較少打了，我寧願拿武器。所以我反而隨身帶備小刃刀，有什麼不滿就拿出來刺人。」他說得若無其事，倒令人心寒。

「那時我中三了，有一班人跟我『出出入入』，要跟我也不易，他們要給我錢。給我多少錢，我就給多少保護，很公道。怎料其中一個同學，把這些事告訴父母，父母走來向學校投訴！學校又找我老豆，累得我被老豆說教一番。之後啊，君子報仇，十年未晚，我在中三最後一天上學，趁那個同學到廁所，我從後一刀插入他的屁股上，插完就走。」

小志強一直說着自己的事，逃學、抽煙、喝酒、交女朋友、換女朋友，這些都是小事了，他中三才知道自己在逃學到桌球館認識的「朋友」是黑社會，從此他就被捲進江湖事，也有了一個綽號「小志

強」。「就是真名的諧音,幾有型,小志強本身就是一個好有型的動漫角色。」

進入黑社會,也代表開始出入警察局、男童院。「第一次入警察局,是非禮。」小志強有點不忿:「摸摸胸部而已……」他不知道自己做了一件極錯的事。

之前的校內打架,學校內部處分了事,這次的非禮案,因警方介入,學校也不能含糊其辭。那時候,天成因為欠了一身賭債,人間蒸發。嫲嫲七十多歲,起初還有管教志強,但一來發現是管教不來,二來自己的體力也沒之前好了,所以也無能為力。學校見父親照顧不了他,他終日就在街流連,又跟黑社會豬朋狗友一起,而他只是一個十四歲的孩子而已,所以把他送到男童院。

入了男童院就能把問題解決了嗎?當然不是。在男童院住了幾個月,小志強出來後繼續跟黑社會來往,每天都流連街頭、惹事生非,然後驚動學校(例如剛才說的刺朋友屁股),又再進男童院,如此這般,跌進一個循環。

我們找到志強中三時的班主任廖 Sir,在電話中,廖 Sir 先嘆了一

口氣：「唉，我覺得他本性不壞，中一的時候都只是個小霸王，蝦蝦霸霸，我們 Band 3 學校有很多這類人，不走歪路就是，可惜他走歪了。學校一直想教好他，但後來他連學校都不來了，可以怎樣做？」

「我建議中三讓他留班，被校長嘲諷：『他都不來上學，留班做什麼？』所以，中三之後就讓他自動退學了。」

「學校有沒有社工跟進他？」

「他都不上學，有社工也沒有用。」廖 Sir 又嘆了一聲：「他第一次犯案時有找精神科醫生，我就知道這一點點而已。」

他看過精神科，其實在排版報告中可以看到。醫院有提供藥物治療他的 ADHD，但他有沒有服藥沒人知道，推斷是沒有服藥，因為沒有依時覆診。半年見一次心理專家，也只去了兩次而已。

· ·

日期：二〇〇二年

從一九九七年金融風暴開始累積的民怨仍然持續。樓價拾級而下，負資產滿街都是，失業率上升，一些商家老闆支持不住，有人跳

樓，有人燒炭。天成已經沒有回家接近兩年，小志強並沒多理會，他有他的生活，與社會黯淡的氣氛相比，他倒多姿多采。

離開學校一年，小志強像解除了束縛一樣。社團的生活更合他心意。而且，正值青春期的他，色心大起。非禮案之後，他學乖了，懂得先用甜言蜜語把女人弄到手，然後很快又喜歡了另一個。他發覺這個森林很好玩，用他自己的方式。

「我叫陳大文，做文員的。」
「我叫李明，返夜班的。」
「我叫張強，經常要返大陸工作的。」
「情人節那天，同事比我先一步放假了，我只能晚上跟你慶祝。」
「情人節那天，我還是要上班，一起玩到四點，我就要上班了。」
「情人節那天，我當然可以全日跟妳一起……（情人節當天早上）不好意思，我困在內地走不開，要明天早上才回來，我保證一回來就找妳……」

他每認識一個女朋友，就用一個新名字，曾經同一時間有兩三個女朋友，為周旋於女性之間，謊話連篇，但他又玩得不亦樂乎。當然也有東窗事發，被女人摑一巴的時候。他倒不會打女人，只是一直不明白，她有什麼好憤怒？一直以來相處不是好好的嗎？

也曾經，他為了一個女人，跟別的社團打起來，就像電影一樣，拿着鐵通，晚上從火鍋店開始打到街上。最後當然全被警方帶到警署，由於小志強已經十八歲，所以判入了壁屋懲教所。

工作方面，他嘗試找一份正經的工作，但只有中三學歷，能做什麼？經社團朋友介紹，小志強到了酒樓做侍應生，做了三個月，卻被發現私自取走收銀機的錢。

「拿一點點來應急，月尾就放回去了，不行嗎？」小志強說得若無其事，可惹起老闆的怒火，不禁飆罵他一番，豈料這時候小志強竟然亮出小刀刃，老闆起先大驚，但誰不知老闆都是江湖中人？且他一直有練習武術，兩三下功夫就把小志強的刀刃搶到手，然後一腳踢向小志強腹部，小志強痛得蹲在地上。

小志強覺得受到極大侮辱，晚上竟然想放火把酒樓燒清光，但還是老闆老謀深算，派了三個手下守夜，所以小志強拿着打火機想點燃汽油時，三個手下突然從旁邊出來，把小志強打個半死，之後把他抬到老闆跟前，原來老闆一直在酒樓內，真的不怕會給他燒死。

「小子，等錢使嗎？」老闆坐在一張普通的酒樓櫈上，三個手下把小志強按在地下，小志強也懶得反抗。

「偷我的錢，是要斬手的，你說，要左手還是右手？」老闆說着，其中一個手下在廚房中拿出一把菜刀。小志強沒有作聲，他知道今天說什麼都沒有用，只得任由宰割。老闆把菜刀一擲，刀鋒直插在地板上。

「有種，完全沒有閃避的意圖。」老闆拿出一根煙，吸了一口，說：「你要錢，問我就可以了。幫我把一些東西，由一個地方，拿到另一個地方，每次給你一點錢。不要問我要多少，表現好的多給一點，我心情好的，又再給一點。你只需要答，做，還是不做。」

小志強沒有選擇，但也覺得，只是把一些東西帶來帶去，沒什麼好抗拒，即使後來他才知道，那是白粉。

之後的日子，小志強除了繼續在酒樓做侍應，還要幫老闆「走粉」。當然，晚上他仍然繼續其社團生活。

日期：二〇〇八年七月十三日
地點：小欖精神病治療中心

「走粉是十九歲，大約兩年前。」小志強說。

「原本都相安無事，怎料有一次，有兩個警察無端端截停我，搜我身，被他發現小刀刃和白粉，法官最後判我到壁屋一年。一年？我之前打架、非禮都沒判過這麼重，那天我什麼都沒有做，只是拿着那包粉而已，但……一年？我接受不來。」

所以，才會有那次見人就打的事件。小志強需要發洩，他非常不理解，也十分不滿。

問診完畢，我和 Mandy 又再一起討論案情。

「他小學至初中有行為障礙，那令我不期然想起，他會否發展成反社會人格？畢竟是有這樣的趨勢。」

Mandy 的書讀得不錯，小志強現在患的，的確是反社會人格。「在判定反社會人格的七個特點中，雖然最容易診治出來的易怒、衝動這些特點都見不到，但很明顯他喜歡說謊（在問診時亦發現這個情況），而他對傷害別人是沒有內疚感的，無論是身體上，會隨時拿一把小刀刃去刺人；還是心理上，同一時間有多個女朋友。最重要的是，他一直視法律如無物，沒有守法的概念，這三點已經足夠印證他患的是反社會人格。」

何醫生的話：

　　這宗個案的其中一點，就是小志強患有 ADHD 和行為障礙期間，沒有接受治療。如果是抑鬱症，病人拒絕服藥，導致病情漸趨嚴重，「要生要死」的時候，醫生可以勒令他入院、服藥；但 ADHD 並不是一種會有性命危險的病，如果病人不覆診，平常不服藥，醫院就未必會積極跟進了。

　　在小志強的個案，證實他患上 ADHD 和行為障礙期間，會否有機制能夠監督病人準時服藥和見心理專家，令情況不至於惡化下去？

　　行為障礙和反社會人格都難以醫治，主要用心理專家治療，早點處理總比為時已晚好，畢竟像小志強這個案，他才二十一歲而已，還可以有許多時間貢獻社會。

後記

　　由於這次屬「評估」的工作，小志強完成診治之後就要回到壁屋，當然會有專人跟進服藥和心理治療。臨走前我跟他說：「壁屋只收押二十一歲以下的犯人，如果你將來再犯，就要坐大人的監獄了。」他點一點頭。

　　之後的日子，我繼續努力在法醫精神科部門工作，志強再也沒有回來，我也不知道他究竟有沒有痊癒。上個月去一間酒樓吃飯，總覺得那位部長的樣子很面善，他會否就是志強？十多年了，今天志強應該三十七歲，還望他一切安好。

行為障礙 vs. 反社會人格障礙

	行為障礙（Conduct Disorder）
年齡	兩歲至青春期
定義	違反他人基本權力或年齡相稱的主要社會常規或規定，成為重複而持續的行為模式
病徵	過去十二個月中，至少出現下列類別中十五項準則中的三項，而於出現的準則項目中，在過去六個月裏至少有一項是存在的： 一、　經常霸凌、威脅或恐嚇他人。 二、　經常引發打架。 三、　曾使用可嚴重傷人的武器。 四、　曾對他人施虐。 五、　曾對動物施凌虐。 六、　曾主動搶掠別人東西。 七、　曾逼迫他人進行性行為。 八、　故意縱火，意圖造成嚴重破壞。 九、　故意毀壞他人所有物（縱火除外）。 十、　闖入別人的房子、建物或汽車。 十一、　經常說謊以取得財物或好處，或者逃避義務。 十二、　曾在未直接面對受害者的情境下，竊取值錢的物件。 十三、　不顧父母的禁止，經常深夜在外；十三歲之前就有此行為。 十四、　在與父母或父母代理人同住時，曾逃家至少兩次，或是曾有一次長期逃家不歸。 十五、　十三歲之前開始經常逃學。
其他	有機會在成年期患上反社會人格障礙

反社會人格障礙（Antisocial Personality Disorder）

年滿十八歲，十五歲開始有病徵

廣泛的「漠視及侵犯他人權益」的思考或行為模式

以下七項診斷準則中至少三項（或以上）：

一、　不能符合社會一般規範對守法的要求，表現於一再作出侵犯法律或社會規範的違法行為。

二、　狡詐虛偽：表現於一再說謊、使用化名、為自己的利益或娛樂而詐欺、欺騙、哄騙、愚弄他人。

三、　做事衝動或不能事先計劃。

四、　易怒且好攻擊：表現於一再打架或攻擊他人身體（所有一切以傷害他人為目的的行為或想法）。

五、　行事魯莽，不在意自己及他人安危。

六、　經久的無責任感，表現於一再無法維持經久的工作或信守財務上的義務。

七、　缺乏悔恨，羞恥和內疚感，表現於無動於衷或合理化對他人的傷害、虐待或偷竊。

在十五歲之前出現品行障礙的迹象

創　傷

「即使她反對，我也要見。」

「難怪休從來不准我見休父母……」

「我記得，她第一次説生病，不願意上課。」

「這一課，休踮到課室外。」

「醫生，可以不告訴紫薇她有這個病嗎?」

「我……不可能再……向前走了。」

「一切正常，但半邊身體動不了?」

「是我做錯了什麼嗎?」

「繼嫲嫲非常嚴格、要求非常高。」

「當媽媽……的時候，我在打遊戲機……」

「休，為什麼不站立?」

「即使要坐輪椅，我也要回校上課。」

「只要上學校，我都會感到我快死了。」

——環境逼成的對立性反抗症

社工麗裳
日期：二〇二二年九月一日（星期四）

「鈴——」上課的鐘聲敲響，新的學期又開始了。麗裳站在操場上所有學生面前，同時也站在校長身邊。

「這是新來的駐校社工麗裳。」麗裳聽到校長介紹自己，微微向學生鞠躬。「我希望她是我們學校最空閒的員工，你們一個都不要去見她！」校長的幽默，令全校都笑了，麗裳的口罩也蓋不住她的歡容。

當然，校長的說話沒有實現。不，麗裳的確清閒了三個工作天。第四天放學後，她就需要面見第一個學生……

班主任張老師
日期：二〇二二年九月二日（星期五）

「做了五年教學助理，終於升做正式的老師了，也終於可以做班主任了。」三十歲的張老師，這兩天的心中都是想着這樣的事。昨天開學日，學校的傳統是開學日只需要上一課，讓班主任和同學互相了解一番，就下課了。昨天的第一課，張老師彷彿新手老師一樣，如夢似幻，

他都不太記得做過什麼了。不過他擔任班主任的是中一乙班，全都是新同學，場面較容易控制。今天的他回復正常了，他教英文科的，把教材預備好，就去上課。

他站在課室門口，同學在此之前都亂成一團，見到他後就立正企好。他走到黑板前，卻發現坐在門邊第三個位置的同學沒有站起來。他還不記得同學的名字，就指着他：「你，為什麼不站立？」那同學望一望他，施施然的站起來，雙手叉腰，直直的盯着他。

「你叫什麼名字？」

「李立。」李立說完，白了他一眼。

張老師不想糾纏下去，叫大家坐下，開始上課。

班長陳笑
日期：二〇二二年九月八日（星期四）

中一乙班的陳笑同學，在開學日被班主任張老師點名做班長。張老師說不認識大家，問有沒有在小學做過班長的，結果有兩男一女舉手，

張老師請兩位男同學猜拳決定，而唯一女班長候選人的陳笑則自動當選。班長的任期為半年，半年後待老師認識大家，再行挑選。

上星期五，她有發現李立同學沒有在敬禮的時候站起來。這星期陸續正式開始上課，她發現李立同學基本上對所有人和事都不太有耐性，例如數學老師請他回答問題，他答錯了，竟然說：「誰叫你問我！」科學課堂要做實驗，做幾次都失敗，他竟然發脾氣把儀器丟到地上。李立跟其他同學的相處也有類似的情況，經常表現得不耐煩，有時甚至故意激怒同學。

今天第四堂才是班主任的英文課，小息之後，陳笑發現李立同學不見了。張老師進入課室之後，也發現李立同學不在座位上。他正要詢問，李立同學才施施然從外面走進來，完全沒有望向張老師，就自己返回座位，這一次，他跟我們一起站着。

「李立同學，為什麼那麼遲？」李立同學沒有回應。「這一課，你站到課室外。」可是，李立沒有動。當所有同學都坐下來的時候，李立還是站在那裏，死盯着張老師。陳笑覺得要負一些班長的責任，就站起來走到李立面前，小聲勸他：「聽老師話。」怎料李立大聲的說：「為什麼要聽他話？」這讓陳笑有點尷尬。

「班長，你先回座位，我來處理。」張老師笑着對陳笑說，然後又

厲聲道：「那麼李立就站在這裏，直到落堂。」神奇的是，張老師說完之後，李立竟然自己走到班房外罰企。

課堂完畢之後，陳笑見到張老師獨自跟李立說話。見張老師的臉色，他不是在責罵人，而像是苦口婆心地勸說李立，但李立好像什麼反應都沒有。

社工麗裳
日期：二〇二二年九月九日（星期五）

一星期過去了，麗裳終於收到第一個任務：放學後要見中一乙班的李立，是由這一班的班主任張老師轉介過來的。張老師大概說明李立的一些行為問題：「很奇怪呢，他總是表現得不服從，一些很簡單的守則如課堂前敬禮之類。我有嚴厲地罵過他，也有好言相勸過他，但他都無動於衷。」

放學後，李立依時前來。由一位女老師帶來，麗裳記得她是蔡老師，跟她一樣是今年新到任的，她穿上粉紅色的寬身上衣配米白色的裙子，頭髮額前留蔭，口罩上的雙眼像告訴妳她充滿智慧。相反，李立長相並不討好，他雙目呆呆的盯着麗裳，麗裳感到好不舒服。

蔡老師把李立帶到麗裳的房間後就離開了。

麗裳嘗試先跟李立打好關係，想閒聊點什麼，但李立就是不開口說話。最後，麗裳決定單刀直入：「你不喜歡班主任張老師嗎？」，可是，李立依舊沒有回答，他只是盯着麗裳，眼神就是說着「防備」兩個字。花了接近一小時，麗裳還是不得要領，她心想：「第一宗個案就這樣了嗎？」於是，她請李立離開，並請老師聯絡李立的家人。

母親佩佩
日期：二〇二二年九月十二日（星期一）

佩佩怎也沒想到，才上學一個星期多一點，就要到學校見老師、見社工。

直到今天，佩佩腦海仍不時想起李立小時候可愛的模樣。三歲的那一年，她買了一件趣怪的童裝衣服，李立看到照片中的自己，笑得人仰馬翻；四歲的那一年，李立生日那天，佩佩因為忙於工作而遲了回家，李立見到她，笑得很燦爛，但佩佩發現，李立才剛哭過……

可是，佩佩很久沒見李立了，她在去年六月才接回李立。當初法官

把李立判給他的父親撫養，令佩佩十分驚訝。「李柏那傢伙是一個酗酒的人，怎樣照顧我的兒子？」

佩佩當初跟李柏結婚的時候，並不知道李柏有酗酒的習慣。大約在李柏一歲那年開始，李柏愈喝愈多，喝醉後會性情大變，總會抓一些小事就在家中發飆，佩佩有幾次至被打傷。直到有一次連當時只有五歲的李立都不能倖免，她才決定離婚，跟李立兩個人搬出來住。

她以為李柏不會打官司爭撫養權，但原來李家要。李柏的父親、李立的爺爺李德，非常愛惜這粒孫，無論如何都要把李立的撫養權弄到手，最後他們做到了，令佩佩十分訝異，一個酗酒的竟然會贏？後來佩佩發現，是她的律師出錯，令法官對她有錯誤的想法，才令她失了撫養權。於是，她花了大量積蓄，請了最好的律師團隊，花了五年的時間，才終於把李立的撫養權奪回來。

當李立回到身邊，佩佩歡喜若狂。過去三年疫情期間，佩佩都沒有見過李立。佩佩在最早期中過 COVID 一次，死去活來，所以她很害怕把病傳染給李立，唯有忍痛不見他。所以，她明白要彌補這五年都沒有承擔的養育責任，她決定什麼都給他最好的，李立要什麼就給什麼，愛玩就玩，無論是 PS5 還是 Switch，李立喜歡什麼遊戲，佩佩都會買給他。所以，李立在家基本上都是在打遊戲機。佩佩有要求他先做好功課才玩，雖然李立每次都敷衍應對，佩佩也都由他去。

不過，佩佩也發現李立有些古怪的脾氣，有時無緣無故會鬧情緒，曾經試過吃飯時把筷子丟在地上，就跑去看電視。每當她想狠下心腸管教，都會記起李立在男家的那五年，就忍着不發。

　　想着想着，佩佩來到學校。由於會面時間是上午十一時，要遷就老師的課堂時間，所以佩佩沒有跟李立一同來到學校。佩佩一進校門，道明來意，就被引領到一個房間，很快一男一女就來到，男的是班主任張老師，女的是社工麗裳。

　　老師和社工分別簡述李立在班中的情況，特別提到今天早上李立的異樣：今天數學課，他沒有交功課，被老師斥責，他竟然大聲向老師說：「妳隻死肥豬收聲！」全班嘩然。

　　麗裳建議，讓李立看精神科醫生或找心理專家輔導，但佩佩一聽到精神科，就表示不同意：「我不會讓他見精神科醫生的，也不會讓他吃藥。他沒有病，只是頑皮一點而已。」在佩佩心中，李立一直沒有問題，又或者，她根本不會承認，由她接手管教的李立，有操行問題。

　　佩佩的決絕，讓麗裳和張老師有點意外，無奈地，暫時只能這樣不了了之。

班長陳笑
日期：二〇二三年一月十五日（星期日）

秋去冬來，就這樣過去了半年，學校期中考試剛完結，下星期就到農曆新年了。這天中午，班長陳笑和父母到商場吃午飯。因為星期日傭人放假，一家都會外出遊玩。可是這一天，由於做醫院護士的母親傍晚需要臨時加班頂替患了感冒的同事，原本去迪士尼樂園的計劃取消，所以只好在附近商場找一間快餐吃。

陳笑喜歡的快餐店在商場二樓，二樓要乘扶手電梯上去。豈料在扶手電梯的時候，陳笑聽到二樓商場有些爭執的聲音，然後聽到一把少年的嗓子大叫：「我要轉校，妳聽到嗎？」

話音猶在半空，只見一個熟悉的臉孔從隔鄰往下的扶手電梯匆匆走過，然後一個婦人從後急急的追趕，口裏大叫：「李立！李立！」

當陳笑想起那少年就是李立同學時，二人已經跑出了商場。

「你的同學嗎？」陳笑父親見女兒直盯着扶手電梯上的少年，也猜到了九成。

「對啊，同班同學。」陳笑一邊說，一邊在餐廳門口的輪籌機按一個「三」字，代表三人用膳，輪籌機機印出一張紙，上面寫了「十二」，陳笑望了一望，知道大概要等兩張枱。

「好像有點問題，他說要轉校，妳的學校會逼到學生這樣嗎？」陳笑母親的語氣充滿擔心兩個字。

「當然不是，但他上課第二天已成為焦點人物了。」說着，陳笑說出李立不願在老師進課室前立正的事件。就在她說的同時，侍應叫出號碼，之前兩張枱的客人未到，陳笑一家可以進去用膳。

點好餐之後，陳笑繼續說下去：「李立同學十分火爆，小小事不滿意就大大聲的回應，無論是老師還是同學。他有時更喜歡故意惹怒別人，然後跟人爭吵，所以同學都怕了他，但有幾個較活躍不怕事的同學倒喜歡跟他一起，他們有時很要好，有時又會吵起來。不過，他對老師一直都十分衝撞，常常會騷擾老師上課，尤其是班主任張老師，都不知道誰是誰的眼中釘，幾乎沒有一課英文課是太平的。」

「笑笑妳要小心一點，不要跟這個同學走得太近。」陳笑母親愈聽愈擔心，反而父親像是事不關己的，聽出耳油，問：「這倒考驗老師的功力了。」

「張老師近來採取無視他的態度，好像有點效果，李立騷擾課堂的次數都減少了。」陳笑說着，父親又回應：「這只是治標，不能治本，還是要想法子教好他。」

「不過，最近這個星期李立好像不太開心。」陳笑說的時候，她喜歡的湯麵也上菜了，她說完這一句才開始吃：「小息的時候，他總是大聲的說話，全班都聽到，一時說吊扇會掉下來，一時又說在學校門口會被車車死，總是擔心自己會遭逢不測。」

社工麗裳
日期：二〇二三年二月十七日（星期五）

麗裳在這學校差不多大半年了，工作量一般般，不多也不少。這學校的同學一般都得健康活潑，偶爾有一些情緒問題，尤其高年級的感情問題，誰誰失戀了不開心想自殺，誰誰被人纏着不放感到煩惱，當然也有些高材生面對公開考試的壓力，都需要她的支援。

這天放學，原本約了中六的一位女同學，卻突然來了一個不速之客：李立。

自從第一次見面之後，她再沒有見過李立，但也不時在老師口中知道這同學的情況，知道他在班中經常搗亂，老師們也頭痛不已。這天，李立親自來找她，是一個想不到的劇情轉折，她只能第一時間照顧他，所以她立即跟中六女同學另約日子，把這個時間讓給李立。

「我要去見精神科醫生。」李立坐下之後，第一句就這樣說。

麗裳被這突如其來的要求殺個措手不及，良久才回應：「為什麼突然要去見精神科醫生？」

「媽媽說不讓我去見精神科醫生，我偏要去。」李立的眼神依然嚇人，被他盯着像是要被他攝去靈魂一樣。

「但也需要先告訴你媽媽⋯⋯」

「即使她反對，我也要見。」李立說得斬釘截鐵。

麗裳想再過多問一點點，但李立不說就是不說。麗裳無可奈何，也想到他願意去見精神科醫生，這是一個好的結果。

問診
日期：二〇二三年二月二十七日（星期一）
地點：正思精神健康中心

　　在學的病人，他們在下課之後才有時間可以看醫生，所以四時半之後的時段，會見到較多未成年的病人。這天有一個新的病人，十一歲，叫李立，由母親和社工陪同一起來。

　　「是你說要見精神科醫生的，來來來，快點說，有什麼問題，說出來，快！」李立坐下來之後，他的母親佩佩逕自坐在他身邊，社工麗裳站在身後。李立低頭無語。

　　似乎，「見精神科醫生」是李立自己提出的，佩佩像是無奈就範，但又想通過見醫生能夠得到更多資訊，更能窺見兒子的內心。我再望向麗裳，她也跟我對上了一眼，眼神是有點歉意，因為她知道這樣的逼迫會有反效果，但她無力控制這個場面，希望我能幫忙。

　　「我見病人，都有一個單獨面見的環節，不如先做這個環節，好嗎？」佩佩聽到我這樣說，仍然堅持了幾分鐘，我說一節應診的時間有限，她才不情不願的站了起來，臨走前還要向李立叮嚀多一句：「有什麼都要告訴醫生，知不知道？」

房間內只有我和李立二人。我先開口：「也不一定要把所有事情告訴我的，你想說多少就說多少……反正，是你想來見醫生，那說什麼就由你決定了。」這樣說是想讓他放鬆，最後當然還是要想法子讓他把所有事情告訴我。

　　「每次坐在班房，都很害怕那把風扇會掉下來，然後我會死。」等了不算太久，他開口說話了：「只要上學，我都會感到我快死了。學校門口也會讓校巴和老師的車駛過，我總覺得他們會把我撞死；我在操場上走，望向天空，也覺得會有同學從天而降，把我壓死。」

　　我覺他有點焦慮的症狀：「學校裏面，有沒有什麼人或事物令你不舒服？」

　　「老師，尤其班主任張老師。」李立說出一個具體的名字：「開學的第一天，他就把一連串的規矩掛在口邊，什麼上課遲到三次要記過，上課時傾偈要罰企，傾第二次就要罰抄校規，第三次就要記缺點，之類之類，很嚴格很嚴格。第二天上課，他進來時我沒有起立，就來罵我，他明明第一天沒說過上課要起立……」他滔滔不絕地數落這位班主任。

　　「我感到害怕，有時會很憤怒，胸口有點熱、有點痛，在家我會很大力的打梳化，有時會自己一個人哭，對媽媽或其他人的管教，反應都很大……」

李立頓一頓，又說：「張老師某些說話的語氣，像極繼嫲嫲，他讓我想起了繼嫲嫲……」

「繼嫲嫲是誰？」

「爺爺的第二任妻子，我跟他們住了幾年……」

爺爺李德

如果香港有隱形富豪榜的話，李立的爺爺李德，一定排名前十。他三十歲的時候開了一間小店，密密地賺，加上股票市場得利，很快就財務自由。一生順風順水，生了三個兒子，雖非事業大成，總算不過不失。六十歲退休之後，跟妻子環遊世界，直到二〇〇七年，年紀比他大兩歲的妻子先行離開世界，他再沒有旅行的興致，遂安定下來，閒時逛旺角金魚街、雀仔街為樂。

二〇一七年，李德七十五歲，他某天逛金魚街時，邂逅了曉霞。他們同時看中一尾金魚，然後互相推讓，最後李德得到金魚，承諾讓她不時到自己家，欣賞其他金魚。

曉霞只有二十五歲，兩年前來港，在某百貨公司化妝部做售貨員。這段金魚友誼，讓人大跌眼鏡地，竟然變成金魚黃昏之戀。二〇一九年，七十七歲的李德決定跟二十七歲的曉霞結成夫婦。

　　「老豆，佢呃你的錢而已。」「爸爸，這是什麼時代？不用給她名分，開心就好啦。」「小心女人啊。」三個兒子都反對這段婚姻，但李德一意孤行，也正因如此，婚禮當天，所有兒子和兒媳都缺席。

　　姑勿論如何，婚後曉霞對李德照顧得無微不至，李柏和佩佩看在眼裏，也沒有抗拒的理由。轉眼間，反倒是李柏和佩佩的婚姻出現問題。問世間，情是何物？現實是何等諷刺。

　　李柏自從跟佩佩離婚之後，原本搬回舊居跟父親李德住在一起，但他經常酗酒、發飆，李德覺得他很煩，便把他安置在另一個住所，讓他獨自居住。另一方面，李德十分重視孫兒李立，他誓要從媳婦手上奪回李家血脈，所以他花了很多積蓄打官司，贏得官司後興奮得買了一支很貴的酒，飲個不亦樂乎。

　　李立住進李德的家，由李德撫養，而不是李柏，李德知道李柏根本沒有這個能力。然而，真正的負責照顧的不是李德，而是曉霞⋯⋯

問診
日期：二〇二三年二月二十七日（星期一）
地點：正思精神健康中心

「我在六歲開始，就跟爺爺李德和繼嫲嫲一起住。媽媽以為我跟爸爸住，其實不是。」花了一點時間，才讓李立願意說出些事情。

「繼嫲嫲非常嚴格、要求非常高。」之後李立說出的例子，會看到繼嫲嫲曉霞的控制欲非常強。

「由繼嫲嫲管教的時候，我剛升上小學二年級。每天，繼嫲嫲都要我做功課、溫習。每星期繼嫲嫲都會替我溫習，問我問題，只要答不到，就會打我，用手打到我的臉變腫。學校的默書、測驗、考試就更甚了，只要低過九十分，就會打，有時用衣架，有時用藤條，少一分打一下。」可是，李立根本不是讀書的材料，從小二到小六，幾乎隔天就會被繼嫲嫲打。

「繼嫲嫲不讓我跟同學去玩，也不准我參加學校的課外活動，他覺得我的同學都是壞同學，不可以接近，所以我每天放學後只能馬上回家。有些同學有手機，我問繼嫲嫲我可不可以也有，她說不行，她說我不需要跟同學有其他聯絡；有些同學會有零用錢，小息時可以買維他奶喝，但她說我不應該在小息吃東西，所以也沒有給我零用錢。同學會看

卡通片，他們會談昨天卡通片的劇情，我請繼嫲嫲讓我看卡通片，她說不可以，即使我把功課做完，都不可以看。」

「爺爺呢？她這樣打你，爺爺不會勸止嗎？」我問。

「他有說幾句『不要打』，但繼嫲嫲回應：『我幫你教好個孫都唔得？再嘈我把你都打了！』」

想不到這孩子曾經有過這樣的經歷。

「繼嫲嫲打你的事，有告訴媽媽嗎？」

「最初我有說我默書不合格被繼嫲嫲打，但她說繼嫲嫲是為我好，要我努力溫習。」李立說：「後來疫情，媽媽都沒有聯絡過我，回到媽媽身邊之後，我都沒提這件事了。」

「之後不用每天見繼嫲嫲，我鬆了一口氣，但我很怕她，有時想起她，都會害怕。不過，即使她不在，我仍然覺得煩躁、鬱悶，想發泄點什麼，好辛苦。」李立說到這裏，的確露出了辛苦的表情。

「那種煩躁的感覺，是從什麼時候開始的？」我想弄清楚李立發病的時間。

「COVID 之後回學校讀小六，我就常常覺得煩躁，會發脾氣。」李立說：「我只會在學校發作，在家對着繼嫲嫲就不敢發作。後來由媽媽管教，我最初也不敢，但漸漸連在媽媽面前也開始都發脾氣了。」

我點一點頭，大致理解到原因。

「我其實很討厭自己常常發脾氣，但我控制不到。所以我曾告訴媽媽，說我可能有精神病，但媽媽不聽，覺得是我想太多，有時還說是打機太多，早點睡就沒事，但我想了又想，不是啊，所以就有看精神科醫生的念頭。」

所以，李立是患了什麼病？

何醫生的話：

　　兒童受到虐待，心理陰影會非常大，大部分人會有創傷後遺症，也有些人如李立，患的是對立性反抗症。他經常發脾氣，也會因為為人敏感而容易生氣，他有拒絕規矩的行為（如不肯起立），也有故意惹惱別人的行徑。這些都足夠確診對立性反抗症。

　　對立性反抗症的成因仍未清楚，如果父母有酗酒、濫藥或刑事紀錄，下一代患上對立性反抗症的機會是較其他同年紀的兒童高出三倍。跟父母關係欠佳、相處困難之類的成長環境，也一樣有影響。

● ●

後記

　　跟李立問診花了比平常更多時間，所以跟佩佩只能長話短說的交代。翌日我跟她在電話中詳談，讓她明白兒子在過去五年受到虐待，導致出現「對立性反抗症」。我特別針對佩佩對李立那種「放養」的管教方式，曉霞的虐待固然是令李立發病的最大原因，但完全不管教也不是辦法，我介紹她讀一些有關父母管教的課程，希望有所幫助。

　　此外，李立除了對立性反抗症，近幾個月也有輕微的焦慮症，所以他覺得天花板上的吊扇會掉下來。我給他適當的藥物，再配合心理專家的細心照顧，半年之後的李立已經脫胎換骨，雖然成績仍然普通，但已經沒有無故騷擾課堂秩序。

對立性反抗症
（Oppositional defiant disorder， ODD）

憤怒或煩躁情緒、爭論或挑釁行為，又或是報復心理的模式，持續至少六個月，由以下類別的至少四個症狀證明，且至少在與一位非兄弟姐妹互動中顯現：

憤怒 / 煩躁的情緒
一、 經常發脾氣。
二、 經常敏感或容易生氣。
三、 經常生氣和憤慨。

爭論 / 挑釁行為
四、 經常與權威人物爭論，或者對於兒童和青少年來説，與成人爭論。
五、 經常積極反抗或拒絕遵守權威人士的要求或規則。
六、 常常故意惹惱別人。
七、 經常將自己的錯誤或不當行為歸咎於他人。

報復心
八、 過去六個月內至少有兩次懷有惡意或報復心理。

畢業
日期：二〇二三年七月十四日（星期五）

「今年考第一的，班長陳笑同學。」在班主任張老師宣讀之下，陳笑離開座位拿取成績表，全班為她鼓掌。陳笑同學笑着回到座位，她瞄到李立同學，二人對上眼的時候，李立為她多拍了兩下手，她微笑回應。

「今天是最後一天當你們的班主任了。」張老師說着，眼眶彷彿有點淚水：「明年大家要繼續努力，中二的功課會更辛苦的。」

「知道了！」在座有人大聲的回應，是李立。

全班都望向他，張老師也笑了，說：「李立同學，你才真的要加把勁，知道嗎？」

「知道！」李立說着，立正，站好。

「她只是有壓力，不是有病啦。」

——精神病是身體病不是心理病

「她一直很自責，其實是這一份自責，令她壓力愈來愈大，我已經在努力了，我有辦法可以替她克服的。所以，她只是有壓力，不是有病啦。」

壓力與精神病之間有什麼關係？精神病是一種心理病嗎？可以不服藥，用輔導的方法就可以解決嗎？

● ●

紫薇
日期：二〇二三年十二月二十八日（星期四）
地點：紫薇的房間

「不行……我不行了……」在房間的紫薇，突然感到呼吸困難，全身冒汗，忽冷忽熱。上一秒身體還十分正常，下一秒奇怪的異樣感覺就來襲，毫無徵兆，但那份絕望感十分真實，她覺得再過一秒鐘，她不是發狂，就會死去，她的人生就完蛋了。

她以為在學校才會遇到這樣的事，已經決定不回校上課，但如今在家也會發病發作，如果這次僥倖不死，世間之大，哪裏才是她的歸處？想着想着，也真的不能想這麼多，她想呼叫，但喉頭緊緊的，暈眩的身體也快不聽使喚了，她用盡最後一口氣，打開房門，衝了出去，

趴在地上，耳中隱約聽到母親叫着自己的名字……

· ·

日期：二〇二四年一月十五日（星期一）
地點：正思精神健康中心

今天來了兩母女，長相非常相似，一樣都是身形高大、臉圓圓、眼大大，不同的是母親梳了一個短髮，女兒則長髮綁了孖辮。她們都是第一次來，母親一坐下來便自我介紹：「我叫青芸，今天不是我要來看醫生，而是小女紫薇。她近日常常覺得……」她把徵狀說出來之後，就立即說：「我知道並不是什麼大問題，我們一起跟她談談就可以了。」

從她急切的眼神可以感覺到，是一個十分保護女兒的母親。但我還是要說出那句話：「我必須單獨面見妳的女兒，讓她把自己的想法告訴我，才能對症下藥的。」

「不用下藥的，只是很小的心理問題，沒什麼大礙的，讓我們一起談談，很快她就會明白了……」

「媽，讓我單獨見醫生吧。」女兒紫薇這時開口說：「我十六歲了，我可以的。」

女兒說完，我們三人都沉默下來。壓力在母親的一方，我等待青芸的回答。

「好了，明白了。」青芸說着，走出房門，剩下紫薇跟我。

「如果不知道從哪裏開始，不妨從第一次感到不舒服的時候說起。」我說着，紫薇眨一眨眼，開始說她的故事。

日期：二〇一九年九月底
地點：新界東某學校

「我覺得你們都不對！」當全班同學都支持一件事，而有人走出來力排眾議，在成年人的社會是值得欣賞；但在小孩的社會，那是將會被排擠的前奏。

紫薇不同意什麼並不重要，重要的是，就讀中一的她，只上學了不足一個月，從此被全班同學杯葛。由於她來自北方，身形比較高大和健壯，她被人稱呼做「大山婆」；也是由於她來自北方，廣東話雖然流利，但帶一點點鄉音，被杯葛之後，同學都當面取笑她，模仿她的腔口，愈維肖維妙，就愈讓她覺得噁心。

之後，欺凌事件陸續有來，包括上課答不到問題，全球同學會喝倒采；一些小組分組的課，也沒有人願意跟紫薇一組。

沒人喜歡過這樣的學校生活，紫薇對此感到煩惱，經常失眠，情緒也差起來，在學校和家裏都常發脾氣。

二〇二〇年農曆新年假期開始後，因為新冠肺炎疫情，學校停課，讓紫薇舒了一口氣。但到五月再復課，她再成為被欺負的對象，繼續被人用奇怪的腔調稱呼為「大山婆」。有一次，她突然真的感到噁心、冒汗。這種感覺十分難受，但來得快去得快，回家之前已經沒有事。

可是，心裏還是感到有點鬱悶。

「我返嚟啦 …… 不，我回來了！」由於青芸不懂廣東話，在家的時候紫薇都是跟她說普通話的。紫薇只能在學校的環境使用廣東話。

今天紫薇回到家，就把自己關在房門，坐在書桌上，把功課擺了出來，卻呆呆地坐在那兒。她想起今天同學那一句「大山婆」，竟再感到噁心，乾嘔了幾聲，以為沒什麼事了，但心裏還是鬱悶的。

吃晚飯的時候，她忍不住了，把這半年來發生的事，都盡情向母親傾訴。

「我不想上學了，可以嗎？」青芸對於紫薇這個學年都被全班同學欺負，露出了訝異的表情，這表情竟然令紫薇感到溫暖。

翌日，青芸與紫薇一起上學，並要求見校長。

母親青芸
地點：正思精神健康中心

「我到學校投訴，收到的都是官方答案。」輪到青芸問診時，她用一口流利的普通話細說有關見家長的事宜：「他們找了輔導老師來見我，說什麼會花時間了解事件，又說這些只是我女兒一面之辭，要聽其他同學解釋。我想，投訴壓根兒沒有用？老師逼不了學生交朋友，其他同學知道紫薇找老師投訴，欺凌只會更甚。」

我微微點頭，鼓勵她繼續說下去。「我想，只能替紫薇轉校了。我找紫薇爸爸幫忙，他人面廣嘛，認識一間學校的副校長，竟然看都不看紫薇的成績，就錄取了。」之後，我請青芸說說有關紫薇爸爸的事。

「唉，她的爸爸嘛，有妻子的，而且還有一個比紫薇大二十五年的同父異母哥哥。我原本都不知道的，我在內地做接待，他來談生意什麼

的，就認識了。我怎會知道一個香港有婦之夫會遠道而來地追我⋯⋯直到有了紫薇，他才坦白。他說，只要不打擾他的家庭，金錢上要什麼都可以，我負責全力照顧女兒就好⋯⋯

「他老婆一直不知道我的存在，到現在都不知道。我在內地照顧紫薇三年，我想紫薇接受香港教育，所以跟他爸爸說。這個男人啊，只有一樣好，就是我什麼要求都會答應。靠他的關係，我和紫薇在她四歲那年來到香港，他在上水買了一層樓，每個月給一筆可供生活的家用。

「他會不會來？不會來過夜啦，大概一個月會出現一次跟紫薇吃晚飯。他每次出現時，對紫薇都很好的，不過紫薇對他卻不太親近，始終見面太少，有點陌生吧。」

所以，青芸非常緊張紫薇，因為她是自紫薇出生開始，一個人把紫薇帶大的。青芸不用工作，全副心機都放在紫薇的成長上。可是，紫薇或許不是讀書的材料，她成績一直不好，只能考上 Band 3 的學校，還是最差那幾間之一。紫薇的小學生活原本不錯，交了幾個好朋友，可是好朋友們都被派到其他學校去了，中學的時候要重新適應一班新的同學，第一個月沒多大煩惱，直到發生了欺凌事件。

青芸把話題回到轉校一事：「我只花了不足一個星期，就安排好轉校了，立即退學，不考試，反正有學校錄取了，總之，我不會讓紫薇被

人欺凌，不可以。我帶紫薇回學校，替她遞上退學信，之後我向着校長和班主任連珠炮發地轟過去：『我的女兒，就因為一件事與大家的想法不一樣，被所有同學杯葛，不跟她做朋友，做老師的怎麼會沒有察覺這情況？體育課堂分組，沒人願意跟紫薇一組；上課答不到老師問題，全班一起噓她，這些老師都不知道嗎？難道要我這做母親的，親自進入課室代替紫薇向所有同學鞠躬道歉？』」

「我罵完之後，就拉着紫薇離去，頭也不回，理得他們。」青芸說着，仍然心裏有氣。

日期：二〇二〇年至二〇二二年

二〇二〇年九月新學期開始，由於疫情的反覆，紫薇最初需要在 Zoom 上新學校的課，直到九月底，才開始正式上學。

紫薇發現，這是一間國際學校，同學們什麼語言都會說，而且很奇怪的是，很多人都是說普通話的，她只是一個普通的存在。但總之那班欺負她的舊同學都不見了，令她舒暢。可是十一月開始，新冠肺炎疫情

時好時壞，紫薇又需要在家繼續用 Zoom 上課，原本紫薇希望能有更好的校園生活，怎料現在連校園生活都沒有了。

「同學，今天我要講的課文，在第二十三頁……」紫薇望着電腦，只見老師和四十位同學一格一格擠在電腦上的畫面，根本就認不出誰是誰。老師上課的時間，紫薇在發白日夢，原本也不擅長功課的她，沒有課堂的環境，更不能專注學習。一個課堂完結，畫面換上另外一位老師，同樣的同學，彼此沒有交流，從早上九時到下午四時，日復一日，有時紫薇索性關了畫面，跑上牀睡覺去。

疫情反覆，政策也有點混亂，紫薇自己都記不得太清楚。總之有些時間是可以回校上學的，有些時間又不可以。即使回校上課，人人都戴上口罩，如臨大敵，如履薄冰，同學之間很少交流，加上課堂只有半天，沒有一起吃飯的時間，朋友也交不到半個，紫薇幾乎就是早上一個人來上課，下午一個人下課，有點寂寞。

這樣的學習環境，也讓本身成績就平平的紫薇，成績更難追上去。

「紫薇同學的成績，是升不到中三的。」說話的是中二乙班的班主任陳老師，他任教數學，年約五十多歲，但頭髮都花白起來。

這天是結業禮的日子，也是家長日，由家長陪同領取成績表。陳老師寒暄一輪，讚揚紫薇某天做值日生的好表現之後，就說到正題：「根據我們學校的標準，科目平均要有六十分或以上才能升班，紫薇同學的成績，跟這個有點距離，硬是讀上去，功課是追不上的，我建議還是多讀一年中二，會更好。」

　　紫薇聽到陳老師的說法，不覺喉頭一緊，又有一種作嘔作悶的感覺。可是，這裏還不到她鬧意見，只見青芸說：「好吧，重讀中二。反正之前一年大部分都在網上教學。

　　於是，紫薇重讀一次中二。紫薇心想，反正過去一年，朋友也認識不到半個，甚至脫下口罩之後也沒認出超過十個同班同學；學習也不順利，重新開始也不壞。

　　時為二〇二一至二〇二二年的學期，上學期的半年，香港學校開始可以穩定的授課，雖然也是只有半天，但這次紫薇漸漸交到同年級的朋友，這次沒有同學因為語言和口音而欺負她了，反而有同學因為她普通話流利，會向她請教普通話，她們是小虹和綺敏，很快被同學們稱為「三人組」。

　　可是，二〇二二年初，疫情又重來了，學校又開始停課，三四月就放暑假，紫薇覺得混亂。她覺得，很難才能過正常的校園生活，怎麼一

下子又停課了？而且，她一直找不到讓自己成績變好的方法，也感到困擾，有時想起來，會有心跳、冒汗的情況，但不久就會回復正常，而她並沒有把這身體信號當一回事。

這幾年，她一直認真戴口罩、勤洗手，又打了三針，以為一定可以遠離新冠病毒，可是最終她還是患上了新冠肺炎，且在一個非常重要的日子：年末終期考試那幾天。

也因為這個病毒，紫薇需要再次重讀中二。

地點：正思精神健康中心

說到紫薇要再一次重讀中二，母親青芸在問診時仍然掩蓋不了她的激動。

「我記得，我小時候也試過，考試當日病了，發高燒嘛，學校都會安排補考。我也有朋友做老師的，他們說也會準備一份後備試卷，就是把原本的試卷改一點點，加數變減數，不就很簡單嗎？但他們就是不願意！」

說到這裏，青芸拍一拍手，停頓了一下，很用力地嘆一口氣，才繼續說：「我一個人走到學校，要求見校長，怎料只來了副校長，那就是不重視了吧。」

　　青芸愈說，愈憤憤不平：「副校長說什麼呢？副校長說，根據平日課堂的成績，和期中考的成績判斷，說紫薇不能升班！這是怎樣的計算？制度，我們在說制度呀，升班就是靠升班試，不是靠什麼評估。誰知道我家紫薇不會突然拿了個高分升班？對嗎？」

　　我也同情紫薇，因為她要讀第三次中二，要面對的又是另一個不同環境。

∙∙

日期：二〇二二年十一月某一天

　　「鈴──」下課鐘聲一響，紫薇就離開了中二丙班的課室，走樓梯來到中三乙班，原來中三乙班還未下課。不一會，班房門打開，老師走出來，瞄一瞄她。之後出來的同學，幾乎都認識她，因為去年曾經同班嘛，而大家都知道她是來找小虹和綺敏的。

這是中二班著名的三人組好朋友。「久等了，去吃飯啦！」小虹衝出來，幾乎想擁抱紫薇。

三人一起相約在附近的飯店吃午飯。已經過了兩個月，三人友誼永固，每逢小息、放學，都會在一起。他們坐上四方桌，因為疫情，所以桌與桌之間放了一些膠板。他們隔壁的位置，剛好坐了兩位紫薇這一年的同班同學。

「紫薇同學！」其中一個是中二丙班的班長，紫薇記得她叫巧鈴，人緣很好，但做班長則不太稱職，常忘東忘西的。

「巧鈴，你好。」紫薇打招呼之後，繼續跟小虹和綺敏有說有笑。

「原來紫薇很幽默有趣。」突然，巧鈴在三人對話期間搭嘴。

「可惜妳沒放我們在眼內。」巧鈴身邊的男同學白哲說。白哲是一個有話直說、毫不掩飾的人，所以他朋友不多，只有班長巧鈴願意跟他一起。

「我哪有資格不把你們放在眼內啊。」聽到白哲的話，不知怎的，紫薇又感到心跳急速、冒汗，她心想：「我又做錯什麼嗎？」

「白哲不是這個意思。」巧鈴打圓場，說：「他想跟你做朋友而已。」

在心底，紫薇是有點尷尬的。她快十五歲了，但這兩個中二的小子和小丫頭才十二歲，她覺得他們的談吐和各方面都有點幼稚，尤其這個白哲，是個屁孩，整天只懂搗蛋。紫薇開始對化妝品有點興趣，有時甚至對一些中五六的學長有傾慕之意，又如何能回頭去討好這些小子呢。

可是，巧鈴和白哲的話，就像針刺一樣。她不能面對，只有逃避。每次課堂鐘聲響起，她都只能以最快的速度，離開課室。

成績方面，第三年讀中二的紫薇，仍然遇上困難。有時候，天真的同學所說的話，無意中也傷了她的自尊。

「紫薇同學，這條數學方程式妳會嗎？可以教教我嗎？」另一位同學翠娥問。

「我不明白啊。」紫薇有點納悶，她和這位翠娥同學平時沒兩句的，為什麼會問她？

「這個方程式妳已經聽第三次了，我想妳應該明白吧！」翠娥眼睛閃亮亮的，想不到這句說話是帶刺的。

「她知道就不會在這裏呆三年啦！」坐在前面的白哲同學突然轉過頭來說。紫薇漲紅了臉，不知說什麼，但她開始想起三年前那一班嘲笑她廣東話口音的同學。

有一位老師特別關心紫薇，是教英文的潘老師。潘老師連續兩年教她英文了，可是她的英文仍然沒有大進步，現在式、現在進行式、過去式，傻傻分不清楚。潘老師很有耐心，但有時也會忍不住小罵幾句。

這天英文測驗，紫薇又不及格了，只有四十分。潘老師很好人，不會在課堂前當眾教訓她，他會叫她下課後到教員室。

「這個人，正在看電視，正在看嘛，不就是現在進行式？」潘老師逐題逐題跟她解釋，但紫薇在老師面前，總是愈想愈亂，愈亂愈慌，潘老師沒有大罵她，但她總覺得壓力無比，最初是面見潘老師時，會感到身體冒汗、顫抖，後來只要接到潘老師的紙條（學校用紙條傳遞不在課堂的老師之指示），就會感到呼吸不來，心臟跳得比平時快幾倍，覺得全身不受控制，想抓狂，想發洩。

日期：二〇二三年九月

　　紫薇這一年過得辛苦，但還是熬過去了，成功升讀中三。就連一兩個月才見一次的爸爸，都特別請她吃自助餐，鼓勵她，讓她感到高興。

　　升到中三，全新的課程，全新的老師，壓力經常突然冒出來，讓紫薇感到極不舒服。小虹和綺敏升到中四之後，功課開始忙碌起來，加上紫薇跟二人的話題也開始搭不上了，雖然還會一起吃午飯，但相處竟然也會感到壓力。這一年，學校真的開始全面復常，原本只需上學半天，現在要返一整天，種種改變都令紫薇渾身不自在。

　　最讓她不自在的，是班主任齊老師。齊老師教中文，經常突擊默書、突擊測驗，讓紫薇吃不消。她只要聽到「齊老師」、「默書」、「測驗」幾個關鍵字，幾乎都會顫抖。漸漸地，從十一月開始，她每逢上學，搭巴士，就會抖個不停，有一次坐在旁邊的陌生大嬸都不禁關心她：「妳沒事嗎？妳應該去看醫生啊。」

　　「媽，我不舒服，不上學了。」這天早上，紫薇跟青芸說。青芸一聽到她不舒服，立即幫她請假，叫她休息。

　　這一天在家，紫薇很快樂，沒有那種難受的感覺，她感到愉快。

地點：正思精神健康中心

「我記得，她第一次說生病，不願意上課。」青芸說：「我知道她沒有生病，她是心裏不舒服，想逃避。」

之後的日子，據紫薇所說，她有時上學，有時不上學，但上學的日子總會感到不適。紫薇持續不上課，連那個嚴格的齊老師也打電話來問候，青芸只推說紫薇生病。到了聖誕節假期，不用上學了，理應舒一口氣，但紫薇還是會冒汗、手顫，還有呼吸困難，一次比一次辛苦。直到十二月二十八日，紫薇辛苦得覺得要死了，連忙衝出睡房門求救，青芸立即報警，送她到附近急症室。

「到達醫院，紫薇又沒有事了。不過，醫生有詳細問她徵狀，最後醫生說是驚恐症，叫我找精神科醫生。」

的確，紫薇患的就是驚恐症（Panic Disorder），那些冒汗、顫抖、呼吸困難等徵狀，稱為「恐慌突襲」（Panic Attack）。驚恐症，就是這些「恐慌突襲」毫無徵兆地突然出現，在幾分鐘內到達最嚴重的程度，之後才平靜過來。

不過，青芸卻簡單認為是壓力。「不是什麼病啦，其實也是壓力比較大而已。她有很多經歷，例如中一那年被人欺凌，中二開始因為疫情而沒有學校生活，成績也不好，中三應付不了功課等等。她一直很自責，其實是這一份自責，令她壓力愈來愈大，我已經在努力了，我有辦法可以替她克服的。所以，她只是有壓力，不是有病啦。」

　　「不，情況不是這樣的。如果不懂紓緩壓力，是有可能令一個人患上精神病。」我回應：「壓力的表現形式有很多種，驚恐症就是其中一種。不是她的自責令她有病，而是她的身體真的有毛病。」

　　「就算是，都是心理有毛病吧？」至少青芸用了「毛病」這兩個字，不再說是壓力問題了。

　　「不是，精神病是一個身體的病，只是它的徵狀是行為上的徵狀。比如你有血壓高，徵狀反映在血壓指數；比如你有糖尿病，徵狀就是糖尿數值飆高。精神病的徵狀是在行為上的，情緒就是行為，但不代表不是身體上的病，那是身體內神經傳遞物質不平衡導致的。」

　　「傳遞物質不平衡？」

　　「對，精神病是生理上的病、身體上的病，不是心理病，不是多談

兩句,叫她『放鬆些』、『看開些』就可以好轉。當然,心理治療也會有作用,但不能忽略藥物治療。」

青芸黯然,左思右想,突然問:「醫生,可以不告訴紫薇她有這個病嗎?我們一起騙她,說這些都只是維他命丸,讓她不知不覺的、自自然然的好轉,不是更好嗎?我怕她以為自己是精神病人、神經病、不正常。」

這或許是今天最大的難題。紫薇還有幾個月才十六歲,沒有青芸的允許,我是不可以私自告訴紫薇她患了病。

「紫薇差不多十六歲了,已經足夠成熟去理解和處理自己的病情。」我一邊說,青芸一邊思考。

「其實,她願意來應診,已經代表她有患病的心理準備了。」我說:「最重要的並不是應否告訴她,而是怎樣告訴她。我們要讓她知道,這個病只要遵照醫生的指示,是可以痊癒的,請她不用擔心。而且,在告訴她病情的過程,可以讓她更了解自己。請放心,心理專家會為她提供相應的心理支持和教育,不會讓她覺得自己不正常。」

青芸開始微微點頭,似乎漸漸明白。

何醫生的話：

　　我們常被精神病的「精神」二字誤導，誤以為那是心理病，那是錯的。精神病是身體傳遞物質不平衡所導致的，治療方法有藥物和心理治療兩方面，好比外敷與內服，雙管齊下。當然有些精神病未必有藥物可以醫治，如行為障礙，就會使心理治療變得重要；好比有些身體疾病，也未必有有效藥物可以醫治。

　　至於有關應否告訴兒童病人他／她患了精神病，其實不能一概而論。從年齡去劃分，如果兒童只有四五歲，他們根本不會明白；紫薇快十六歲了，接近大人的年紀，應該相信她有能力處理。不過，究竟哪個歲數才適合讓病人知道，是沒有一個準則，要看病人的成熟程度，一個正常 IQ 達十二三歲的病人，他們都會聽得明白。

後記

終於，青芸願意讓紫薇知道自己患了驚恐症。

「早知道這是病，就早點來找醫生好了。」紫薇出乎青芸意料地接受了這個事實。「那個什麼『恐慌突襲』，病發的時候十分辛苦，如果早點知道，就少受幾次苦了。」

「不會覺得自己有什麼……不好嗎？」我知道，青芸其實是想說，不怕其他人當妳是「瘋子」、「神經病」嗎？

「醫好了就沒事啦。」紫薇說。

之後，紫薇認真地接受治療，心理專家也說她很乖很努力。執筆之時治療期仍未完結，但我深信她一定能康復。

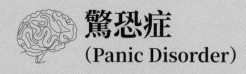# 驚恐症
(Panic Disorder)

驚恐症的特徵為沒有預兆地一再出現「恐慌突襲」，「恐慌突襲」的症狀
會在幾分鐘內達到最高峰的強度。患者可能會對「恐慌突襲」有着揮之不
去的復發憂慮，並試圖避開過去曾發生過「恐慌突襲」的地方。

DSM-5 有關驚恐症的診斷標準：

A. 患者會突然出現不可預期的驚慌，感到強烈的害怕與不安，並在幾分
鐘內達到最嚴重的程度，會出現以下十三種症狀的「恐慌突襲」中的
至少四種，這種突然發生的驚慌，可以出現在平靜或焦慮的狀態。

一、 心悸、心臟怦怦直跳或心跳加快。

二、 大量冒汗。

三、 顫慄發抖或虛弱無力。

四、 感覺呼吸困難或窒息感。

五、 哽塞感。

六、 胸悶或胸痛不適。

七、 噁心或腹部不適。

八、 頭暈不穩的感覺或暈厥。

九、 失去現實感（覺得身邊的一切都是不真實的）或失去自我
感（自己好像與身體脫離）。

十、 害怕自己即將失去控制或即將發狂。

十一、害怕即將死去。

十二、感覺異常（指尖、嘴部或身體部位發麻或有刺痛感）。

十三、覺得身體冷或發熱。

B. 在至少一次發作之後，出現下列症狀的其中一至兩種，且持續一個月甚至更長時間：

一、　持續擔心再次復發。
二、　在與驚恐症發作的相關行為上，出現不良的變化。

驚恐症患者在一生之中的任何階段皆有可能發病，但大多會於青春期或青年前期，孩童或老年階段相對較少機會發生，當中又以女性的患病風險較男性高。

「在小息的時候，她突然就倒下了。」
——患上罕見的轉化症

聖本善書院這間女校，在區內並不算有名，更遑論什麼全港名校了。但校長吳天卻常把「全港名校」掛在嘴邊：「我們要成為全港名校，必須循這個方向去努力，一方面從中一收生開始，另一方面由老師替學生增值、改善，讓他們畢業的時候成為一個更優秀的人。」

吳校長認為，聖本善書院所有硬件和軟件都十分好，要成為名校，只欠東風：一個狀元。所以，他們特別注重培訓成績好的學生。其中剛剛升中四的雲飛，是學校的重點栽培對象。

「現在的中五中六生，成績雖然不錯，但沒有令人眼前一亮之人。」聖本善書院副校長、負責高年級中文的張老師說。

「雲飛的身上，我看見了光芒。」聖本善書院有小學部，說話的是小學部梁校長。雲飛從小一開始入讀聖本善書院，所以校內師生都視她為天之嬌女。「她小學最初不起眼的，但小六開始就像開竅一樣，成績帶了出來，一直上到中學，從小六到中三，連續四年全級第一。」

「難得的是，雲飛不但成績好，操行也十分好，班上每個同學都喜歡她，她除了讀書，還喜歡幫助同學，像個大姊姊一樣，放學之後經常有同學問她功課，她都不厭其煩為她們解答。」雲飛的班主任鄺老師這樣形容。

「還有啊,她的運動也很厲害。一頭短髮,穿上背心在球場打籃球,是我們女校的王子!」雲飛的同班同學翠娥說。

「她是我們的偶像,如果真是男孩子,我想她做我男朋友,哈哈。」雲飛的另一位同班同學小芬說:「我們都喜歡她。我們的人生目標就是全級第二,沒有人會勝過她,也沒有人想勝過她。」

人人都喜歡雲飛,但中四這一年,發生了一件特別的事,讓人把目光從雲飛身上移開了一點點。

聖本善書院中四課室
日期:二〇一七年九月四日開始的上學期

「這位是我們的插班生小碧。」小碧個子小小,一頭清湯掛臉的秀髮,人如其名,小家碧玉。臉上似不喜施脂粉,有點小痘痘,樣子不算標緻,大家沒對這位插班生有太大印象,沒特別喜歡她,也沒特別討厭她。

直到半年後的第一次期中考結束,全班都傻眼了。

「全民偶像」雲飛中學以來的第七個考試，連續七次，成功蟬聯第一名。

但第二名的，是這位插班生小碧！她的總成績，只差雲飛五分！只是五分，屈居第二！

小六開始，四年來，從來沒有人的成績考得如此接近雲飛。雲飛一直鶴立雞群，在她之後，從沒出現過固定的第二名，而第二名的總成績，最接近的一次，也有五十八分的差距。怎麼突然來了一個插班生，只落後她五分？

「我們繼續恭喜雲飛同學，她仍然是我們成績最好的。」班主任鄺老師說：「另一方面，我們也要表揚小碧同學，她考了全級第二名！小碧平常低調，但我們老師也一早發現了她的成績也很優秀，今後我們班有兩位成績很好的同學，可以互相切磋，還可以有一點點競爭。其他同學也要向她們好好學習，雲飛和小碧，兩位都要加油啊！」

在全班同學的掌聲中，雲飛和小碧站了起來。雲飛望向小碧，跟她比了一個「讚」，小碧有點腼腆，微微一笑，然後垂下了頭。

日期：二〇一八年一月八日開始的下學期

自此之後，聖本善書院的中四理科班出現一點微妙的變化。有些人仍然圍着雲飛身邊，但也有些個性比較文靜的學生，開始喜歡跟小碧做朋友。

「校長，中四精英班現在變成兩個大圈子了。」教學會議上，酈老師有點擔心地說。

「不要緊，我們學校三年後有機會同一時間出現兩個狀元啊，好好栽培她們！」校長說：「圈子哪裏都有，只要他們不太過分就可以了。」

雖然成了兩個大圈子，但雲飛與小碧之間，似乎慢慢滋生出惺惺相惜的友誼。小碧性格內斂，但有點巾幗豪氣的雲飛，有一次跟小碧說：「我們包辦頭兩名，一起進步！」小碧報以友善的微笑。

不過，雲飛的氣度是未經考驗的，雖然在下學年的各科測驗，二人鬥得難分難解，有時雲飛第一名，有時小碧第一名，但重大的考試、雲飛從小六開始就保持的第一名紀錄，才是她心中最重要的。

可是，這一年的期末試，小碧超越了雲飛，成為了全班第一名。

「我們為小碧和雲飛鼓掌！」鄺老師雖然模糊了第一二名的分別，但雲飛一邊拍掌，一邊感到胸口有一份鬱悶一直積壓着……

聖本善書院中五課室
日期：二〇一八年九月三日開始的上學期

這一年的九月，中五學年開始，雲飛對小碧態度有了微妙的變化。

以往，她是保持距離的競爭。現在，她要主動出擊，直接挑戰！「小碧，來一起溫習！」在雲飛的強勢下，小碧沒有拒絕的空間，二人一起討論中文課文、分析歷史地理，但每次小碧說出她的想法，雲飛都會用權威的口吻否定，又逼小碧用她的方法溫習；中英文小組討論的時候又藉故跟她一組，美其名是訓練辯才，但每次發言都針對小碧，有時不讓她有足夠時間發言。甚至乎，體育課堂上，雲飛也不給小碧喘息的機會，小碧不擅長跑步，但雲飛卻逼她快跑：「妳在體育課也要跟我比拼啊！」

不知不覺間，小碧感受到莫名的心理壓力，不過她的成績仍然能保持跟雲飛的競爭力，有時第一，有時第二。

當雲飛第一的時候，她會跟小碧說：「加油！」

當小碧第一的時候，雲飛會一聲不響地離開課室。人人都看到，她臉上掛着的不爽表情。

日期：二〇一八年十月十六日（星期二）

老師們都發現二人較勁得很厲害，在課堂上也不再刻意公開她們的分數，希望讓她們心理上降溫。可是雲飛每次都執意要看小碧的分數。這一天，派發數學測驗，小碧待下課鐘聲一響，就幾乎同步站起來；她想避開雲飛，但哪夠雲飛快？

「小碧，我考九十八分，妳多少分了？」雲飛一邊說，一邊幾乎用搶的，去打開小碧的書包。

「一百。」小碧不想被她動書包的東西，小聲的告訴她答案。

「什麼？」

「一百。」

數學是雲飛擅長的科目，作為文科班卻在數學有好成績，讓她自豪。上兩次測驗，小碧都鬥不過她，但這次小碧怎會拿到一百分？

她望着小碧，小碧避開她的眼神，背起書包就走，冷不防雲飛伸出右拳，大大力打向小碧的小腹！然後按着她的肩膊，把她扳倒在地。

小碧哇的一聲，應聲倒下，右半身把檯櫈都撞翻地上⋯⋯

雲飛呆立當場，其他同學有人看看小碧的傷勢，有人按着雲飛着她別動，有人跑去找老師⋯⋯

聖本善書院校長室
日期：二〇一八年十月十七日（星期三）

碧媽，就是小碧的媽媽，今天來到聖本善書院，為的當然是小碧的傷勢。

昨天晚上，碧媽放工回家，赫然發現小碧右手全都是瘀傷，小碧說自己跌倒了，但碧媽見她支吾以對，又不時摸着腹部，便把她的上衣拉起，發現一個紅印。

「有同學打妳？」碧媽說着，小碧並無作聲，但微微的點頭。

碧媽讓小碧轉到聖本善書院，是聽聞這裏校風純樸。小碧之前讀一所男女校，不知為什麼，那些頑皮的男孩子總喜歡調戲小碧，讓她愈來愈內向，愈來愈不敢跟同學交流。她害怕隨着小碧長大，男女關係會變得複雜，所以想替她轉讀一間女校。聖本善書院的成績算中上，不是傳統名校那種充滿壓力的環境，吳校長又一副滿有抱負的樣子，而且還說成績好的話會替小碧申請助學金，這都是吸引碧媽的原因。

豈料，女生都可以把小碧打成這樣？

「沒有一個滿意的解釋，我會報警處理。」碧媽知道，學校最怕報警。她都不希望事情鬧大，畢竟她也想維持這所學校的校風。

吳校長稱，是同學之間不小心的推撞，他請鄺老師帶雲飛過來，在碧媽面前跟小碧道歉。

雲飛出現時，小碧的身子微微靠後了一步。她不敢直視雲飛。

「對不起，是我一時不小心。」雲飛向小碧和碧媽九十度鞠躬。碧媽看看這個孩子，一副女生男相，眉宇間有一份倔強，她的低頭鞠躬毫不猶豫，誠意演得滿滿，但閱人無數的碧媽感到並不真摯。

「好了，學業要緊，雲飛同學和小碧同學也隨鄺老師一起回課室吧。」

「一起回課室？」碧媽想發作，但還是讓鄺老師帶兩位學生離開之後，才質問吳校長：「我女兒昨晚說，那位同學是故意打她的，並不是什麼一時不小心。」

「雲飛同學是這樣說的。這樣吧，我們學校會繼續調查，請給我們耐心和時間。」

「但這段日子，你還讓他們二人同班？」

「太太，這個我也無能為力，我們只有一班文科班，他們只能一起上課。」

聖本善書院中五課室
日期：二〇一八年十月十九日（星期五）

小碧在學校突然暈倒了。沒人知道為什麼，以下為同學們的覆述：

「在小息的時候，她突然就倒下了。」

「我看見雲飛同學朝她的方向走去，小碧就突然暈倒了。」

「是雲飛瞪了小碧一眼吧，好像是這樣，她暈倒的時候哼也不哼一聲。」

「比起上次被雲飛打一拳，這次倒下的聲音還要大，小碧是直接倒在地上。」

雲飛也告訴老師：「我沒有留意，我沒有找小碧，我們有很遠的距離。」

小碧在救護車來到之前已經醒來了。

「小碧，感覺如何？」酈老師問。

「很辛苦，呼吸不了，心口很痛……」酈老師請同學們離開課室，並安排一個特別課室讓他們繼續上課，但哪裏有人在這時候還能專心？不一會，救護員到來，在酈老師的陪同下，小碧被送到附近的醫院。

碧媽知道消息後，立即放下工作，趕到醫院。

「發生什麼事？是不是又是那個同學？我就說了，不能讓她們同一班……」碧媽在急症室外大吵大鬧，被護士勸喻之後，才肯靜下來聽酈老師的話。

「這次不關其他同學的事，小碧不知什麼原因暈倒了，在小息的時候，當時她一個人站起來，沒有跟其他同學有互動和交流，上次跟她爭執的同學，也離她很遠，在班房的另一端。」

「那小碧為什麼會暈倒？」

「要等醫生的檢查了，我們都想知道。」酈老師認真地說。

半小時之後，醫生從病房中走出來。碧媽希望從他眉宇之間可以早一兩秒了解小碧的情況，但醫生只是一臉嚴肅。他來到二人面前，問：「誰是病人的家人？」碧媽立即說：「我是她的媽媽。」

「病人的情況有點奇怪。她現在右半身完全沒有反應，右手和右腳都抬不起來。但初步的檢查，她的身體一切正常。血壓、脈搏、神經，都是正常的，但右半身就是沒有反應。」

碧媽被嚇得一臉鐵青：「一切正常，但半邊身體動不了？」

「我會通知醫院內外科和神經科的專科醫生診治，從不同途徑了解原因。」

翌日，吳校長舉行特別會議，討論小碧的事。

「小碧的媽媽已經報警了。」吳校長說：「今早有警察來找我，我已經落了口供。之前雲飛跟小碧在爭執其間，小碧摔倒了。雲飛同學的確有不對，我們校內已經做了處分，警方明白事理，不會起訴學校，也不會再跟進事件。」

吳校長感到，大部分老師都有舒一口氣的感覺。唯獨鄺老師仍然愁眉深鎖。他望向鄺老師，鄺老師提出疑問：「可是，小碧還在醫院。」

吳校長說：「一單還一單，爭執事件已經圓滿處理了。小碧同學這次是自己暈倒的，實屬不幸。兩位都是將來有機會替我們學校爭光的人，但雲飛同學是從小學開始就一直栽培的學生，blue blood ！我們要好好保護雲飛同學。」

鄺老師的臉上，仍然充滿疑問。

吳校長說：「不是說不用照顧小碧，鄺老師你要好好照顧她。但暈倒事件不牽涉雲飛同學是顯而易見的事，我只是強調這一點而已。」

鄺老師點一點頭，若有所思。

小碧
日期：二○一八年十一月二日（星期五）
地點：九龍某醫院

小碧留醫了兩個星期，但醫生們都找不出原因。同時，物理治療師教導小碧用拐杖協助，一步一步向前走。可是，小碧的右半身依然沒有力。

因為檢查一切正常，又沒有生命危險，醫院要小碧這天出院。「我會寫轉介信到精神科，我認為小碧有可能是精神上的問題，導致她的身體不聽使喚。」醫生這樣說。但公立醫院的輪候時間很長，竟然要大半年後。

碧媽覺得不能再等了，她要帶小碧看私人執業的精神科專科醫生。於是在十天後，小碧來到我的診所。

日期：二〇一八年十一月十二日、十一月二十七日（兩次問診日期）
地點：正思精神健康中心

「何醫生，妳好！」這天，小碧是坐着輪椅來到我的診所。

碧媽小心翼翼地推着輪椅，說：「這是從紅十字會借來的，一來沒錢買，二來希望將來不用使用，所以我不會買。」

小碧是右半身沒有力，具體一點是右手右腳支撐不了身體，頭部沒事，頸部可以動，說話也沒有問題。

小碧比較害羞，話少，有點怕生。但這不妨礙我判斷病情。經過一連串的檢查、問診，也查了一些典籍，兩星期後我作出了結論：「小碧患的是轉化症（Conversion Disorder）。」

「這是什麼來的？從來沒有聽過。」碧媽大吃一驚，幾乎就想拿出手機搜尋。

「這是一種非常罕見、特別的精神病。」我說：「一般醫生不容易找出病因。無論經過多麼詳細的檢查，在生理上都不會找到問題，因為

這不是生理的問題，而是精神病。病人會突然失去運動或感覺系統上的某種功能，例如會失聲、眼盲、耳聾、肌肉抽動或扭曲、吞嚥困難、癲癇、癱瘓、無法行走、失憶等。小碧的徵狀，就是屬於癱瘓、無法行走的部分。」

「醫生，要怎樣才能治療？」碧媽十分緊張。

坦白說，由於疾病十分罕見，相關研究資料太少，所以如何治療，也只能一步一腳印，無論是藥物還是心理治療，都沒有百分百的把握。不過，既然檢查發現身體機能一切正常，跟病人好好溝通似乎是最好的辦法。讓小碧慢慢對我敞開心扉，把心中的感覺說出來，可能才是治本之道。

另一方面，小碧也有焦慮的徵狀，我也開了一些藥物幫助她。

● ●

日期：二〇一九年二月二十六日（星期二）
地點：正思精神健康中心

「小碧已經面見了我三個月，其間我轉介她去看物理治療師，有點進步，但右半身仍然沒有起色，出入依然要靠輪椅。雖然每天都用拐杖

練習步行，但本身弱小的她，也難用半邊身支撐身體。生活上，一些簡單的事如打開水樽等，都已經做不到。寫字也很難，畢竟左手不是她的慣用手。

不過，這三個月以來，或許焦慮的藥物開始有效，回復冷靜的她，漸漸願意分享自己的想法，讓我大概了解到她的一些心路歷程。

她一直很害怕雲飛同學。

第二次見面，她談到轉學到聖本善書院的原因。「我們家境不好，從小媽媽就告訴我，要入名校，取得獎學金，才有辦法讀上去。我小學成績普通，初中入讀一間很普通的學校。每一年媽媽都想我入名校，年年向名校叩門，但不得要領。聖本善不是名校，但讀得好也有獎學金，而且是女校，媽媽不希望有男同學跟我做朋友，就說先轉學，明年再找其他。」她頓了一頓，續說：「我努力讀書是有原因的，不是要跟人競爭。」

大約第三次見面，她終於說出一些內心感受。「自從大家發現我的成績好，我就害怕雲飛同學了。她讓我感到很壓迫。最初，她表現得有禮，很正能量，說希望我們一起進步，但每次她這樣說我都感到不舒服，我感覺到，她好像一定要贏我似的。但我不想跟她比較，我讀自己的書就好了。」

第一個爆發點是中四期末考得到第一名，當時小碧的心情是這樣的：「派成績表的那天，我感到她整個人的氛圍都變了，她很懊惱，有點憤怒。好像有一點瞪我的目光，我記不起確切的感覺了，總之就是她很在意。之後中五學期開始，她就一直來煩着我、針對我，口裏說一起進步，但一直打擊我。我不想理她，她卻一直纏着我。」

　　第四次見面的時候，她終於直面當日被雲飛打的感覺了。「那一次的數學測驗。我拿了一百分。她突然發瘋似的打了我。我已忘了具體的情況，只知道自己倒在地上，左邊手臂擦損了，腹部被她打得很痛。我很害怕，我一直都害怕她，自此之後我更加害怕。」

　　之後，她也講到碧媽跟她一起到學校，校長要雲飛向她道歉一事。「雲飛向我道歉後，鄺老師跟我們一起回班房。那段路上，她好像對之前的事表現得若無其事，還問鄺老師一些功課上的問題，我忘了她問什麼了，但鄺老師回答之後，她把頭伸過來望向我，說：『妳也同意嗎？』我還記得那個樣子，很恐怖，我……我忘了自己有沒有回答她……」

　　終於，她告訴我暈倒當日的情況。「其實，我也不太記得具體情況。那天之後，整個人都很繃緊，那兩晚都睡得不好。回到家後，我搏命溫習，我不想被這件事影響學業，我想取得獎學金……去年獎學金給了理科班的同學……可是，雲飛同學的臉卻無時無刻在我腦中出現……我睡夢中也見到她問我功課的情景……」

「那一天，上完數學課，站起來之後不久，就這樣暈倒了。醒來就是這個樣子。右手右腳我都動不了，右半身我控制不了。左臂還留着前幾天摔倒的痛楚，但右臂卻完全無知覺，無論我怎樣使喚，它們都一動不動。」

暈倒事件發生之後，小碧入院兩星期，一出院就決定回學校上課。

「即使要坐輪椅，我也要回校上課。」小碧說：「不過，回到學校之後，經常有作嘔、鬱悶，也常常失眠、會回憶起被打的過程。而且，每一天，我都很擔心會像之前一樣無故暈倒，也擔心自己會失去獎學金，有很多害怕的事。」

根據小碧的說法，雲飛同學是壓力的來源，這是無庸置疑的，但學校事後如何處理二人的關係，才是小碧能否康復的關鍵。

可是，學校的處理，卻讓我不禁有點疑問。

「我不知道雲飛同學的處分是什麼。媽媽有問，但他們不肯告訴她。雲飛同學沒有來煩擾我了，難道不准跟我說話就是處分？我不知道呢。不過，這幾個月我的成績一落千丈了，無論我多努力，都追不上，寫字已經花我太多時間，根本不能做功課，只靠上課聽書，沒有訓練，是不足夠的。」

「我仍然害怕雲飛。即使她已經沒有瞄我一眼。但我每天都要跟她在同一個課室，我不知道哪一天她會再來打我，我真的不知道。」

「媽媽有要求過調班，但中四只有一科文科班，根本不能調班。老師試過叫我每天回校，一個人留在圖書館，他們會安排老師專門替我上課。大約試行了一個星期，連老師都覺得不是辦法。況且，為什麼要離開的是我，不是雲飛同學？」

小碧幽幽地說：「是我做錯了什麼嗎？」

何醫生的話：

如果單看病人暈倒當日的情況，是跟襲擊事件無關。但轉化症是精神科的疾病，當然不能無視心理上的影響，就如因為壓力而換來的抑鬱、焦慮、中風，也不能只看病發當時的情況。

此外，心理、社會和生理因素，都可能導致、促成或延續轉化症。在這個案，學校處理得不好，急於保着那個未來狀元，卻不公平對待插班生同學，導致她的轉化症遲遲未有好轉。

病人在過程中感覺不到師長的關心，甚至讓她覺得自己才是做錯事的人。這樣的心理，是更難得到康復的。

● ●

後記

　　事情後來的發展有點峰迴路轉，一切都因為班主任鄺老師的努力。

　　一個半月後，小碧來覆診，她這次不用輪椅了，轉用拐杖。「我的右半身有一點點力氣了，可以就這樣站着，但走路還是不行，要拐杖幫助。」當然，小碧不是拿拐杖從家中走過來，她是在診所門口勉力站起來，她想我看到她努力的成果。

　　「一切都是鄺老師的幫忙。」小碧說：「一個月前，他跟我說，已經聯絡到一間名校，他跟那裏的副校長相熟。副校長知道我的情況，看過我的成績，跟那學校的校長商量之後，認為我可以立即轉校。」

　　遠離了雲飛同學的壓力，也遠離了讀書、獎學金的壓力，再過一個月，小碧連拐杖也不用拿了，可以正常走路，一切也回復到病前一樣。在新學校，新老師、新同學都對她很好，讓她有動力好好康復，而且她再次專心讀書，期終考的成績雖然還未回復到最好，但至少足以升班。

　　無論如何，小碧患了一個罕見的病，能夠走在康復的路上，是幸運的，也是應該感恩的。畢竟這個病，在醫學界還是置身迷霧中。

轉化症
(Conversion Disorder)

轉化症是一種精神疾病，其特徵是影響感覺或運動功能的徵兆和症狀，與已知的神經系統疾病或其他醫療狀況的模式並不一致，卻顯著影響患者的功能能力。其症狀是不能隨意控制的，所以不認為是患者故意假裝的。

根據 DSM-5，轉化症的診斷標準如下：

    一、 出現一種或多種自主運動或感覺功能改變的症狀。
    二、 臨牀檢查結果可以提供其症狀與公認的神經疾病或軀體疾病
        不一致的證據。
    三、 其徵狀和缺陷並不能以另一種醫學或精神障礙去解釋。
    四、 其症狀或缺陷會導致臨牀意義的痛苦、或導致社交、職業及
        其他重要功能領域的損害，或需要進行醫學評估。

通常在轉化症徵狀出現之前，會出現創傷、有負面影響的生活事件或急性／慢性的壓力來源。事實上，許多患有轉化症的患者都被發現有童年虐待史，包括情感虐待和性虐待。其他導致轉化症的心理因素包括應對技巧不佳和內在心理衝突。與已知的神經系統疾病的患者相比，有轉化症的患者更有可能患有某些精神疾病如抑鬱症、焦慮和人格障礙，他們也更有可能有多種軀體疾病的病史，包括全身疲勞、虛弱、疼痛等症狀，而且原因不明。

身體傷害或實際的神經系統疾病（例如中風或偏頭痛）可能會觸發轉化症的症狀。受教育程度較低的人、社會經濟地位較低的人，以及生活在發展中國家或農村地區的人，更有可能患上轉化症。

「我們一起去把裙子拿回來吧。」

—— 兒童創傷後遺症的思考

「你打的電話暫時未能接通⋯⋯」十四歲的彩詩按下手機的紅色按鈕，心裏感到奇怪。今天她與大元一同到丹鳳家玩，離家時母親叮囑，到埗之後給她打電話，但母親的電話卻是關機狀態。

「彩詩，到妳了。」大元的催促中斷了彩詩的思考，現在是打遊戲機的時間，二人對打，就有一人落單，彩詩用這個空檔致電母親，但很快又回到熒幕前。

這個晚上，閨蜜三人都玩得盡興，但彩詩心底隱約有點不安，在於一直都沒有接通的電話號碼。

這份不安，直到翌日天明，從心底浮上了心頭。手機的重撥次數是二十四，母親早上是要上班，早上六時半就要起牀，起牀後她會用手機查一查天氣，才決定穿什麼衣服，怎可能電話還是接不通？

這時候，她腦海中浮起三個月前的情景，母親的手流着血從洗手間跑出來，拿起電話就撥九九九，救護員到來替她包紮，然後送院⋯⋯

「不會吧⋯⋯」彩詩一邊自言自語，一邊已經離開了丹鳳的家，大元和丹鳳還是睡眼惺忪的，彩詩自己也不記得是否有跟她們交代提早離開一事。

彩詩手上只有八達通，也就只可以搭港鐵。這一程港鐵比平常慢，十分慢，她每一個站幾乎都想用手敲在列車的門上，請它快點開門。中途需要轉車，她都一個箭步衝上前，希望可以無縫銜接，但偏偏差不多跑到車門，列車就關門了，她怒目向月台職員望了一眼，但職員冷冷的跟她對望，毫無表情。

四分鐘後，下一班列車來了，彩詩繼續只能乾着急，腦海不知怎的全是母親以往跟她相處的畫面。她覺得兆頭太不好，便拿出耳機，在手機上播放自己最喜歡的歌曲，可是歌曲完全鑽不進耳朵，腦中仍然是母親、母親、母親，尤其是滿手鮮血的畫面，一直在重播，重播，重播。回過神來，彩詩已經離開列車、出閘，朝着家門奔去，眼眶不知怎的盈滿淚水，淚水隨風飄到耳後，也沒空把它抹去。

到達屋苑，管理員一見到彩詩就給她開門，她還是回應一句「早晨」，就衝進還好待在那裏的升降機。升降機停在七樓，她拿出門匙，但還是先按了門鈴，希望母親在她手震震插不進匙孔之際打開門。她的主觀願望沒有實現，門最後打開了，她見到母親平時上班的鞋子仍然放在門口，拖鞋卻不見了，表示母親仍然在屋內，她大喊：「媽媽！媽媽！」她打開母親臥室的門，只見一雙懸在半空的腳⋯⋯

警署內，彩詩全身顫抖，身上披着毛氈，手中拿着一杯熱水，都是貼心的女警給她準備的。

　　彩詩的母親在屋內懸樑自盡，救下來的時候已經氣絕身亡。是鄰居黃先生報警的，他說當時的彩詩雖然驚慌，但仍然保持冷靜跟他交代發生什麼事，讓他能夠立即致電報警。

　　彩詩呆坐在警署，女警希望她待到有足夠冷靜的時候，就可以錄口供。彩詩不知道什麼時候有足夠冷靜，但她有一種只要錄完口供就要回家的感覺，所以她一直坐在那裏。

　　她不想回家。她腦海仍然有母親懸空的一雙腳的畫面；仍然有消防員把母親放下來的片段。

　　她不想回家，那個讓人傷心的地方，除了母親的死，還承載着許多許多不堪回首的記憶：傷心的母親，可惡的父親，還有印象模糊但吵吵鬧鬧的公公和婆婆⋯⋯

．．．．．．．．．．．．．．．．．．．．．．．．．．．．．．．．．．．．

　　「天下男人多的是，為什麼硬是要跟着這個人？」彩詩那時候還不到兩歲，晚上睡在牀上，模模糊糊的聽到房門外的吵鬧聲。

她不知道外邊在吵什麼，也不知道正在說話的人，是她的公公。

「妳為他生了女兒，他為妳做過什麼？」另一把溫婉的聲音，是彩詩旳婆婆。

公婆二人，這晚是來攤牌了。彩詩的母親名叫金鳳，二十二歲認識了現任男朋友、時年四十二歲即比她大二十年的志勇。金鳳最初並沒有對這位「阿叔」留有好感，但志勇不停的投其所好，知道她喜歡蝴蝶，就聲稱從全世界收集不同蝴蝶的標本，又熟讀蝴蝶的知識，花了兩年的時候才獲取芳心。

這之前，金鳳心中一直對志勇有所防備。他太神秘了，也從不說自己的背景，金鳳主動找他，多半找不到，一定是志勇主動聯絡。但志勇有一份魅力，讓她一步一步卸下心房，直到那個晚上，他終於主動帶她到自己的家。那是一個小單位，金鳳一直覺得這個地方不對勁，但又說不出來，直到後來才醒覺，那不是一個單位，而是志勇租來幽會的地方。

「其實，我有家庭，有一個老婆，有兩個兒子，一個十歲，一個七歲。」志勇向金鳳坦白的時候，是金鳳告訴他，自己已經懷有彩詩之後了。

「難怪你從來不准我見你父母，也從來不來見我父母。」金鳳臉上滿是淚水。

「這不重要啊。」志勇用慣常的甜言蜜語腔調說：「最重要是，我仍然跟妳在一起，這裏就是我們的家，其他人都不重要。我想妳把孩子拿掉，但如果妳決意生下來，我會買一間大一點的房子，給妳好好撫養，我會常常來探望你們。」

可能是因為懷了孩子，也可能是因為用情太深，金鳳相信了志勇的話。她搬離了跟父母一起住的家，一個人來到這裏，跟志勇「組織家庭」。儘管志勇一個月也不知道會否出現四次（他的甜言蜜語藉口是，平常拍拖也不會天天見吧），甚至到了彩詩來到世界的這一天，志勇都因為要「外出工作」未能陪伴。但金鳳都固執地以志勇太太的身分，在這間屋撫養彩詩，「為這個家而努力。」

「他有老婆的！我的女兒怎能做人的妾侍？妳的女兒我就不計較了，小孩子是無辜的，我們可以好好替妳撫養，但妳必須離開那個男人！必須離開那！個！男！人！」公公說着說着，把手拍在檯面上，氣呼呼的。

「吵醒彩詩啦，冷靜一點。」婆婆輕拍公公的手，轉頭向金鳳說：「金鳳，妳要三思啊。」

金鳳還是默不作聲，空氣中瀰漫着一份名為無動於衷的現實。

「我再說一次，妳還是要跟着那個男人，那我只有跟妳脫離父女關係！」任自己的父親把話說得再重，金鳳仍然維持冷漠、愛理不理的神情。她不是不想跟他吵，只是不想吵醒彩詩，只好一直忍耐。

公公和婆婆最後離去了。彩詩當時不知道，這是她最後一次見公公。之後，公公和婆婆真的與金鳳斷絕關係，此後十多年再無來往，直到五年前公公離世，婆婆才和金鳳再次接觸。

這時候，婆婆也來到了警署。

· ·

彩詩知道婆婆來了，立時像抓住一條救命索。她知道，婆婆會帶她回家，回婆婆的家。

所以，她決定錄口供。

她告訴女警，昨晚到同學家玩通宵，晚上已經聯絡不到母親，直到今早還是找不到她，覺得情況有異，立即趕回家，卻見到母親已經吊頸身亡。

「之前一晚，媽媽有沒有異樣？」女警問。

彩詩回想了一下後，便說：「沒有。媽媽還為我和同學做了一點餅乾零食。」

「那麼，近來媽媽有點特別不開心嗎？」

彩詩微一沉吟。與其說母親最近是否有點特別不開心，不如說她根本就不是個開心的人。她沒多大的情緒起伏，但彩詩考試考得好時，也是會微笑稱讚的，感覺到她心中的愉快，雖然不能在表情上察覺。

不。彩詩想了又想，母親不是沒有輕鬆愉快的時候。早期父親回來，母親就很高興了，還會穿漂亮的居家衣服，梳一個吸引的髮型，圍着圍裙多煮幾碟餸，父親也吃得津津有味。對啊，那時候的母親，臉上掛着的笑臉，是會把眼睛擠掉的。

那是很早期的事了。大約四歲那年開始，這種歡樂的氣氛不再。彩詩十分記得，就是四歲生日那一天，原本母親說父親會一同來慶祝，結果母女二人在生日蛋糕前呆等一個晚上，直到十一時五十五分，母親才擠出一個笑容，替彩詩切蛋糕。

後來，父親每次上來，不是黑着臉，就是來吵架的。彩詩長大

後當然知道二人的關係，知道自己「私生女」的身分。她對父親沒多大感情，對「私生女」這回事就不太在意，但母親似乎對父親十分痴纏，她常常掛在口邊的是「一家三口」，她接受不了父親開始離棄這個「家」。甚至父親開始跟母親談「離婚」（根本沒結婚，何來離婚？），說只會每個月自動轉帳「家用」，不會再回來云云。

想到這裏，彩詩記得，有一件事要告訴女警。

「大約三個月前，媽媽也自殺過一次。」

「那天晚上，爸爸又回來了。」彩詩對女警說：「近幾次，媽媽都不讓我見爸爸，叫我自己入房溫習。關上房門，其實也聽到他們的吵鬧聲，所以我會戴上耳機，聽我喜歡的搖滾樂。」

「妳完全聽不到他們吵什麼嗎？」女警問。

「也不是完全聽不到，這幾次吵的內容也是那些。因為媽媽發現爸爸除了正室之外還有另一個女人，這是爸爸決定以後都不再來的原因。媽媽希望爸爸什麼『回頭是岸』，說『這裏才是你的家』之類。反正就是爸爸不想理我們，但媽媽努力去維繫。」

「妳媽只是『二奶』啊。」女警冷冷的說。不知怎的，彩詩對「二奶」這個詞語，又或是女警的態度，十分反感。她一向接受自己是「私生女」，但聽到別人這樣評價母親，她並不舒服。

　　「媽媽只是想維持自己僅有的生活。」彩詩倔強的反駁。她一直不把父親當一回事，但同時她對母親有一種相依為命的牽絆。一直以來養大自己，對自己百分百好的人，就是母親。

　　女警沒有回話，彩詩繼續說：「之前也有多次這樣的吵鬧。之後媽媽都哭得很厲害。但每次我想安慰她，她都說沒有事。這一次，我聽到父親很用力的關門聲。我脫下耳機，走出大廳，卻見不到母親。我聽到浴室傳來水聲，我以為她準備洗澡，就回房間繼續溫習。我也不知大約多少時間，可能是十分鐘？十五分鐘？只聽到母親大叫，以及浴室門被大力打開的聲音，我立即衝出房間，我也『哇』的一聲哭出來，只見媽媽滿手鮮血，跑去拿電話，她去按『九九九』召救傷車，說自己刮傷了，流血。」

　　其實金鳳當時打算割脈自殺，但因為太痛，又或者理智突然在線，念頭一轉，就想止血，血止不到，唯有叫救護車。

　　女警見彩詩大致落口供完畢，就拿出一張照片給她，那是升降機閉路電視的照片，照片上有一個男人，彩詩一看就說：「他是爸爸。」

原來，彩詩到朋友家玩的同時，志勇又被叫到金鳳家。

翌日，志勇被召到警署落口供。

「我跟她說分手說了六年？七年？忘了。」志勇說：「男女之間，沒有感情就分手，但養育的責任，我會負責，在金錢上。我沒欠她什麼，她也沒欠我什麼。但她就是不明白，一直死纏着我，一直叫我回去『飲湯』。

「最近，就是以死相逼，說不回來就燒炭，就跳樓，兩母女一起跳樓，我擔心會發生什麼事，就上去。對，那晚我上去，跟平常一樣大吵一架。只有吵架，沒有打架，但她這次……的確比起之前多了一份歇斯底里……我應該要注意一下……我不愛她，可是我不會想她死……」志勇沒有哭，只是不停嘆息。

「我大約晚上七點上去，八點多就離開了。」他的說法跟電梯閉路電視影像一致。

警方結案，金鳳是因為跟志勇大吵之後，受了刺激，一時想不開，將洗澡用的長毛巾圈着用來晾衫的橫鐵通上，自縊身亡。

彩詩落完口供後，跟婆婆回到她的家。

公公逝世後，婆婆一個人住，白天有一個鐘點工人幫忙做家務，晚上婆婆一個人休息。婆婆今年六十七歲，金鳳三十七歲，白頭人送黑頭人，悲傷之餘，婆婆一接到警署的消息，就想到孫女。她立即乘的士趕到警署，也是為了安慰這個孫女。

這個一直沒有緣分好好相處的孫女。

當年，公公決意跟金鳳斷絕來往，婆婆心疼兩母女，心裏是反對的。但公公是個強勢的一家之主，婆婆有點怕他，所以即使不捨，也沒再跟金鳳有任何聯絡。直到公公五年前逝世，婆婆找到金鳳，問她是否願意出席喪禮，金鳳雖然態度冷淡，但仍然願意一盡孝女本分。婆婆以為以此為契機，可以跟金鳳和彩詩恢復來往。不過，金鳳心底也很氣自己的父母在最需要人幫助的時候並沒有想到自己，也因為自己「二奶」的身分而自卑，覺得自己有辱家聲。不過，至少過時過節，雙方多了電話問候。

如今，婆婆希望做點事情補償，只要彩詩有什麼需要，她都會盡其所能支持。彩詩性格沒有金鳳那一份執著，掛在口邊的是「沒所

謂」，多了幾分寬容。這次事件之後，更多了一份堅強。事發翌日就回學校上課了，她只有一個要求，就是搬到婆婆的家，跟婆婆一起住。婆婆家有一間丟空的雜物房，可以給彩詩用來做睡房，也買了書桌讓她溫習。

另一邊廂，志勇也通過彩詩聯絡到婆婆，答應資助他們的生活費。婆婆雖然不願意要這個害死自己女兒的人的錢，但畢竟他是彩詩的父親，她也沒什麼身分不讓他盡父親的責任，儘管她認為付錢不算是責任。

一切像是漸漸回到正軌的生活，但在這時候，彩詩跟婆婆說：「我不想出席媽媽的喪禮。」

「我不想出席媽媽的喪禮。」彩詩跟婆婆說完，就一溜煙的回到房間，關上門。她知道婆婆不會逼她。

金鳳已經逝世了一個月，喪禮定於一個星期後舉行。志勇說會負責一切費用，但表明不會出席，所有的喪禮工夫，都由婆婆和金鳳的大哥金康負責。金鳳有兩個哥哥，都是因為志勇這件事而斷絕聯絡，另一位哥哥金健已移民加拿大不欲回來，金康則很討厭金鳳，但不想自己媽媽太操勞，況且人死已矣，一力承擔身後事。

也所以，彩詩一直不用處理金鳳的事。她只有十四歲，大人們都很保護她。不過婆婆偶爾跟她說，要不要回舊居執拾自己的衣物，或整理母親的遺物，她都托辭拒絕。

她不是不想去，而是去不了。

她腦海中經常閃回金鳳雙腳凌空的畫面，之後她就會想作嘔，很不舒服，要一點時間才能恢復。

這種「閃回」，毫無預兆，非常突然，畫面就在腦海中閃出來，讓她渾身不舒服，好幾次上課中，她都突然嘔吐大作，要衝去洗手間。

也因此，她無辦法回到舊居，甚至乎，她刻意疏遠了兩個好友。

她一見到二人，就會想起那個晚上，一起開心玩樂的情景。

「當媽媽在吊頸的時候，我在打遊戲機……」她十分懊悔。

「媽媽，我可以到丹鳳家玩一個晚上嗎？」記得在事發一星期前，她這樣問。

「妳還小啊，怎可以離家一個晚上那麼久？」媽媽當時是拒絕的。

「我不小了，中二啦，去女同學的家很平常啦，我晚上給妳打個電話報平安就可以啦……」記得彩詩苦苦哀求了兩天，金鳳才應允。

「如果當日聽媽媽的話，留在家中，不就好了嗎？」彩詩覺得，一切都是自己貪玩的錯。

事發後，學校啟動了應變小組，輔導組的老師和社工常常跟她談天，其中兼任班主任的黎老師最照顧她。彩詩對其他老師和社工，基本上什麼都不願意說，唯獨會對黎老師打開一點點心房，黎老師知道她害怕回到舊居，常鼓勵她面對。這一天放學後，也是黎老師跟彩詩做輔導，彩詩說起在舊居有一套裙子，自己很喜歡的。黎老師鼓勵她：「我們一起去把裙子拿回來吧。」

他們二人一起搭港鐵。由於丹鳳家就在學校附近，所以彩詩這次走的路線，剛好就是那個早上發現母親電話不能接通而趕回去的路線。一路上，黎老師不斷找話題，最初彩詩都有回應，但漸漸地，她開始不能集中精神。

到站之後，她雙腳開始無力。她感到心跳得很快，一顆心像是要跳出身體，然後喉頭像鎖着一樣，她發不出聲音，身體冒出冷汗，她一邊耍着手，黎老師知道她情況不妥，扶着她坐到地鐵的長椅上。

「我……不可能再……向前走了。」彩詩花了全身的力氣，才說出這話。黎老師不停拍她的背，說着：「不要怕，不要怕。」

對面的列車進站，黎老師說：「不如先回婆婆家，好嗎？」彩詩點一點頭。

所以，回到婆婆家，才有「我不想出席媽媽的喪禮。」這句話。

她想到會見到媽媽的遺體，就渾身不舒服。

這晚在牀上，跟之前的無數晚上一樣，她不想入睡。

只要入睡，就會夢到那個夢境。

在夢中，她不斷地跑、跑、跑，從學校跑到舊居那幢大廈，搭上升降機，然後打開大門，她一直手震，鎖匙鑽不進門把，後面好像有人追趕着她，是誰？不知道……直到打開大門，有時會見到媽媽懸在半空的雙腳，有一次甚至會見到媽媽……

「彩詩，再見了。」母親說完，慢慢的從浴室拿出那條長毛巾，優雅地走到房間，然後……

彩詩衝過去，企圖抓着母親，但母親只是幻影，像播幻燈片一樣，她停止不了母親的動作……

幾乎每一天，彩詩都在發着同一個夢，有時在大門的時候就驚醒了，有時看到最後都醒不了，每次一睜開眼，婆婆家的天花板，彷彿變成了舊居的天花板，有一條掛衣服的鐵通，以及一條長長的毛巾。

冷汗冒得多，必須洗澡。婆婆以為她每天早上都有洗澡的習慣，誰知道那根本不是習慣。

彩詩終究還是沒有出席金鳳的喪禮。這天，她一個人躲在房間，任婆婆怎樣叫她，她都不聽、不回應。

就這樣過了五個月。彩詩一直沒有回舊居，反正父親志勇也沒打算收回房子，就任它丟空在那裏。婆婆也勸過彩詩去拜祭母親，彩詩起初沒有回應，後來覺得煩厭，開始有點情緒，對婆婆惡言相向。

在學校，彩詩還是避開大元與丹鳳。她平常就是一個較文靜的女孩，所以同學和老師不太察覺她的異樣。黎老師每星期都跟她輔導一

次，她向黎老師訴說自責自己害死了母親的話，黎老師就不停地叫她「看開一點，這不是妳的錯。」但彩詩心底不覺得她的話有說服力。這半年，彩詩的成績開始下跌，老師們雖然看在眼裏，仍然不覺得事情有到很嚴重。

但事情的確是日趨嚴重。彩詩每晚都失眠，她不想睡，不想發噩夢，即使睡着了，也會被噩夢弄醒，這樣又何來精神專注學業？況且，每天上學只要見到丹鳳，就會想到丹鳳的家，再想到丹鳳家到舊居的路，從而想到那幢大廈，從而想到升降機，從而想到舊居的大門，從而想到母親掛在半空的那雙腿……

「如果我當天留在家，就不會發生這樣的事，是我害死媽媽的！是我害死媽媽的！」有時候，即使在學校，她整個人都會情緒激動、崩潰，但她都偷偷的躲在廁所，自己哭出來，不讓老師同學知道。

婆婆一直很擔心彩詩。彩詩每次關上門，婆婆都站在門外良久。她偷偷聽着，生怕孫女會出什麼意外，直到聽到睡覺的聲音才安心。這天，當彩詩上學之後，她走到彩詩的房間給她打掃，在垃圾桶中，她發現一張摺皺了的紙，她攤了開來，上面寫道：

「明天，媽媽走了半年，也許是時候我也要跟着離開了。我要親口向她道歉，我要親口跟她說我不會到丹鳳家玩，我想她原諒我……」

婆婆嚇了一跳，不知如何是好。她找到學校電話，輾轉讓黎老師知道這個消息。當時彩詩仍然在課室裏上課，但整個人心不在焉，呆呆滯滯的。

這天，婆婆帶彩詩到我的診所，黎老師懷疑她患了抑鬱症或焦慮症，希望我能夠幫忙。

婆婆和彩詩都分別把遇到的故事講給我聽。婆婆一邊說着，眼淚都湧出來：「我每天都跟她住在一起，為什麼我什麼都不知道？如果我看不到那封遺書，那我死了女兒之後，連孫女也保不了！我一直沒有辦法好好愛護孫女，我以為這次是上天給我補償的機會，但原來孫女一直有事，我卻什麼都做不了……」

經過我的診斷，我證實她患了創傷後遺症（PTSD）。

婆婆她，真的能察覺孫女患上精神病嗎？

何醫生的話：

　　親人離世了，悲傷在所難免，那份思念可能會讓悲傷持續兩三個月。但彩詩這個案不是因為悲傷，而是創傷後遺症，源於她親眼目睹至愛的親人在眼前逝世。母親吊頸的畫面，不斷在腦海閃回，毫無預警的，這是創傷後遺症最主要的徵狀，其他徵狀還有失眠、發噩夢、心裏不停自責等。這些徵狀是很個人的，患者不肯說，有時也會令旁人難以覺察。老師和同學們都以為她因為親人去世而悲傷，不知道原來是患上創傷後遺症。

　　童年的創傷後遺症主要發生在直接經歷突如其來的不幸，如這個故事中的失去至親、或其他如童年遭性侵、欺凌等。現在學校也會有應變小組負責照顧同學的情緒。

　　每一次的不幸，我們都要盡最大的力量，去避免更多的不幸。

後記

　　我給了適量的藥給彩詩，也讓她見見心理專家。另一方面，我也開導了婆婆，讓她知道這也不是她的錯，鼓勵她跟孫女重新建立關係。

　　大半年後，彩詩基本上走出了陰霾。「現在可以好好睡了，很少發惡夢。」彩詩覆診時跟我說：「上星期，我鼓起勇氣，跟大元和丹鳳說話了，她們都說，一直在等我回復過來，說我們友誼不變。」彩詩說着，眼泛淚光。

　　「我上星期日也跟婆婆去拜祭媽媽，是我第一次去，第一次見到那張遺照，唉，如果由我選遺照，我會選一張更漂亮的。」她莞爾一笑。

　　「當天晚上，我夢見媽媽，她來到婆婆的家。她跟我說……」彩詩已經淚流滿面了：「她要我好好生活，老了才去找她。」

　　我讓彩詩哭。正常的情緒抒發，跟悶在心裏的不安淚水，是不一樣的。我相信彩詩已經放下了母親的死，也會努力代替母親，好好活出自己的人生。

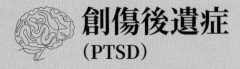 創傷後遺症
（PTSD）

根據 DSM-5，PTSD 的臨牀症狀包括：

一、 出現與創傷有關的入侵性症狀，如不由自主的痛苦回憶、發
　　　噩夢、閃回（腦海不停重回事發現場和讓創傷事件重演），
　　　或在接觸與創傷事件有關的提示後產生情緒困擾。

二、 逃避與創傷事件相關的記憶、思想、感受或外在的提示（例
　　　如人物、地點、活動、場合等）。例如，在遇上交通事故
　　　後，極力避免駕駛甚至乘搭交通工具，或刻意令自己很忙碌
　　　以避免回想創傷事件。

三、 思想或情緒上的消極改變，例如無法記起創傷事件的一些重
　　　要情節、對自己或身處的世界周遭有過度悲觀的想法或假
　　　設、過度責怪自己或他人、出現情緒低落、難以感受樂觀的
　　　情緒、對事物失去興趣、或感到與他人的疏離。

四、 與創傷事件相關的警覺性或反應性出現顯著改變，例如易
　　　怒、攻擊性增加、出現危險或破壞行為、持續保持警戒狀
　　　態、過度驚嚇反應、難以集中注意力或入睡困難等。此外，
　　　病人可能會出現其他焦慮症狀，如肌肉繃緊、腹瀉、心跳加
　　　速、頭痛、噁心等。

五、 症狀持續超過一個月。

六、 症狀造成明顯的困擾或影響日常生活（例如工作、社交）。

七、 症狀並非由藥物、物質濫用或其他疾病引起。

後記

　　有一次，一位病人來看診，他主動說為什麼會找到我：「是我兒子的學校，用了妳的文章做閱讀理解課文，我才認識妳。」

　　很高興和感謝有學校用上我的文章，但最重要的是，學校願意把精神病這個課題帶進課室，讓學生有基本的精神科認知。

　　現在許多學校都重視精神健康。我兒子的學校，每隔幾個月就有一份精神健康表格，學生填妥之後要交回學校。據我所知，有學校在學生填上自己有壓力之後，立即安排社工跟進，可見學校已經有機制照顧學生的精神健康。

　　我希望這本書只是整個社會關注兒童精神健康的一部分，直到有一天，所有兒童都能夠健康成長。

失落童年

在精神科診室重生

作者	何美怡醫生
助理出版經理	林沛暘
責任編輯	梁韻廷
美術設計	張思婷
內頁排版	仁桀
協力	方曉琳　徐巧穎
出版	明窗出版社
發行	明報出版社有限公司
	香港柴灣嘉業街 18 號
	明報工業中心 A 座 15 樓
電話	(852) 2595 3215
傳真	(852) 2898 2646
網址	http://books.mingpao.com
電子郵箱	mpp@mingpao.com
版次	二〇二四年七月初版
ISBN	978-988-8829-41-5
承印	美雅印刷製本有限公司